중학교 입학 전 반드시 알아야 할

상위 1%로 가는 초등 노트 습관

중학교 입학 전 반드시 알아야 할

상위 1%로 가는 초등 노트 습관

박경수 지음

포르체

공부의 기초, 초등 노트 습관

초등학생인 저희 아이는 매일 책을 읽고 과목별로 공부를 합니다. 그 모습이 기특하다가도 아이가 틀린 수학 문제를 보다 보면 답답할 때가 많았습니다. 그런데 이 틀린 문제를 잘 보면 한 가지 공통점이 있었습니다. 바로 아이가 문제를 제대로 이해하지 못하고 숫자만 보면서 문제를 풀고 있다는 점입니다. 다음 두 문제는 아이가 자주 틀린 문제였는데요.

문제 1 빨간 사과 20개에서 3개를 빼고, 녹색 사과 몇 개에 10개를 더했더니 빨간 사과와 녹색 사과의 수가 같아졌습니다. 처음에 있던 빨간 사과와 녹색 사과는 모두 몇 개일까요?

문제 2 □ 안에 들어갈 수 있는 수 중에서 가장 작은 수에 ○표
하세요.

$$9 - 1 - \square \langle 5$$

$$(2, \ 3, \ 4, \ 5, \ 6)$$

1번 문제의 경우, 아이는 문제를 제대로 보지 않고 $20 - 3 - 10$을
해서 7로 답을 적어놨습니다. 문제의 핵심은 마지막 문장인데도 말
이죠. 두 번째 문제도 □ 안에 들어갈 가장 작은 수임에도 6을 써놨
습니다. $9 - 1 - 6$이 가장 작은 수가 된다고 생각한 거죠.

요즘 학생들은 글을 읽고 쓰는 문해력이 떨어진다고 합니다. 저
희 아이가 위의 수학 문제를 틀린 이유도 문해력이 낮아서입니다.
분명 글자 하나하나는 다 아는 내용이지만 전체 문장을 제대로 이
해하지 못해서 나타나는 현상이죠. 어떤 면에서는 꼼꼼하지 않아서
일 수도 있습니다. 하지만 위와 같은 문제를 계속 틀린다면, 그건 덤
벙대서가 아니라 아직 완벽하게 글을 읽고 이해할 수 있는 능력이
되지 않기 때문이겠죠.

노트 정리는 아이들의 이런 문제를 해결할 수 있는 가장 좋은
방법입니다. 노트 정리는 문해력을 가장 많이 필요로 합니다. 그냥
선생님이 말한 것, 써놓은 것을 노트에 정리하는 게 아니라 스스로
교과서를 보면서 노트 정리를 하려면 문해력이 필수이기 때문입니
다. 또 노트 정리를 하다 보면 조금은 침착해질 수 있죠. 쓰다 보면

생각을 정리할 시간을 가지게 되고, 글을 쓰는 동안에는 다른 생각을 하지 않기 때문입니다. 지금처럼 온라인 수업이 잦을 때 노트 정리는 최고의 공부법이기도 합니다.

이 책은 초등학생 아이들이 노트 정리를 할 때 기본적으로 필요한 독해력, 사고력, 표현력에 대한 이야기를 시작으로 실제 노트 정리를 어떻게 해야 하는지를 제시했습니다. 특히 이 책은 노트 정리의 가장 기본인 코넬식 노트법을 바탕으로 하고 있습니다. 물론 노트법은 다양할 수 있지만 학생일 때뿐만 아니라 성인이 되어서도 코넬식 노트법은 기본 중의 기본이기 때문입니다. 이 책에서 제시한 질문, 덩어리, 뼈대, 관점이라는 노트 정리 원리 또한 코넬식 노트법의 핵심 원리이기도 합니다.

그렇다고 이 책이 코넬식 노트법만을 이야기하는 것은 아닙니다. 모든 노트법의 기본 원리와 스킬은 같지만, 코넬식 노트법만으로는 아이가 창의적 사고를 하는 데 한계가 있기 때문입니다. 그래서 단계별로 노트법을 제시했는데요. 1단계는 코넬식 노트법, 2단계는 마인드맵, 3단계는 상상노트입니다. 3단계로 갈수록 아이만의 특성과 상상력을 최대한 발휘할 수 있는 노트법이 됩니다.

이 책은 총 5장으로 구성되어 있습니다. 1장은 왜 초등학생 때부터 노트 정리를 해야 하는지를 이야기하고 있습니다. 사실 초등 저학년 때에는 노트 정리에 관심이 없는 경우가 많은데, 이때부터 짧은 문장으로라도 계속해서 정리하는 연습이 필요합니다. 그 이유와 방법에 대해 설명했습니다.

2장은 앞서 말했던 노트 정리에 필요한 3가지 능력인 독해력, 사고력, 표현력에 대해 제시했습니다. 이 3가지 능력은 노트 정리가 아니더라도 모든 공부의 기초입니다. 독해력, 사고력, 표현력이 노트 정리와 어떻게 관련이 있는지를 설명하고 있습니다.

2장에 이어 3장에서는 노트 정리의 원리인 질문, 덩어리, 뼈대, 관점을 말하고 있습니다. 이는 꼭 노트 정리뿐만 아니라 모든 공부의 기본 원리이기도 합니다. 이 기본 원리만 안다면, 초·중·고 공부뿐만 아니라 성인이 되어서도 자신의 생각을 글로 충분히 표현할 수 있을 것입니다.

4장에서는 노트 정리의 스킬 측면을 다루고 있습니다. 핵심 단어 찾기, 분류, 선과 도형을 통한 정리에 대한 내용을 담았습니다. 이런 스킬을 통해 실제 코넬식 노트법, 마인드맵, 상상노트법을 작성해볼 수 있도록 했습니다.

마지막 5장에서는 아이들이 과목별로 어떻게 노트를 정리해야 하는지를 설명했습니다. 노트 정리의 기본 원리는 같지만 과목별 특성이 있기 때문입니다. 과목마다 그 특성을 고려한 노트 정리 방법을 제시했습니다.

이 책의 구성에서 볼 수 있듯이, 이 책은 노트 정리 사례만 제시해주고 이렇게 하면 된다고 말하는 것을 넘어 '왜 노트 정리를 이렇게 해야 하는지'에 중점을 두었습니다. 그렇게 한 이유는 아이들이 공부를 왜 해야 하는지에 대한 근본적인 물음을 갖듯이, 왜 노트 정리를 꼭 이렇게 해야 하는지에 대한 답을 주기 위해서입니다. 단순히 잘 정리된 노트 사례를 보여주고 '이렇게 하면 된다.'가 아니라 잘된 사례와 잘못된 사례를 모두 보여주면서 노트 정리를 어떻게 하는 것이 가장 좋은지를 알려줍니다.

이렇게 책을 구성하기 위해서 과목별 초·중등 선생님들을 인터뷰했고 초등학교 3학년부터 6학년 학생의 노트를 분석해 아이들이 현재 가지고 있는 노트 정리의 문제점을 분석했습니다. 특히 초등학교 3학년부터 6학년까지의 과목별 교과서를 보면서 이 책을 보는 아이나 부모가 가장 쉽게 노트 정리에 대해 이해할 수 있는 내용을 담으려고 했습니다. 저희 아이뿐만 아니라 다른 초등학생 부모들이 이 책을 보면서 공부의 기초를 다질 수 있는 코넬식 노트법부터 상상노트법까지 최고의 노트 정리법을 배워 중학교에 들어가서는 상위 1%의 학생이 되길 바라는 마음입니다.

2021년 8월 박경수

공부의 기초, 초등 노트 습관

"노트 정리는 자기주도학습의 토대일 뿐만 아니라
모든 공부의 기본입니다."

차례 ✎

 **Chapter 1**

스스로 학습을 위해
초등부터 습관 만들기

Chapter 2

초등 노트 정리,
어떤 능력을 키워야 할까?

Chapter 3

공부가 쉬워지는
노트 정리 원리

Chapter 4

노트 정리 핵심 스킬과
단계별 노트법

Chapter 5

상위 1%로 가는
과목별 초등 노트 정리법

스스로 학습을 위해

초등부터

습관 만들기

1。중학교 입학 전
노트 정리 습관이 꼭 필요할까?

일상이 정리, 노트 정리도 일상

요즘 집과 관련된 프로그램을 TV에서 자주 볼 수 있습니다. 그중 tvN 〈신박한 정리〉라는 프로그램에서는 스타들의 집을 정리해주었는데요. 이 프로그램을 보다 보면 정리가 참 어렵다는 생각이 들더군요. 좁은 신발장 앞에 놓인 수십 켤레의 신발들, 거실에 있는 수많은 장난감, 책으로 가득 찬 아이들 방. 저희 집도 책과 장난감으로 둘러싸여 발 디딜 곳이 없을 정도입니다. 프로그램에서 이런 집이 어느 순간 말끔히 정리된 모습을 보여줄 때면 참 놀랍습니다. 분명 같은 집인데 공간의 재배치만으로 집이 몰라보게 변한 모습은 기분을 상쾌하게 합니다.

정리는 우리 일상에서 피할 수 없는 일입니다. 하루라도 정리를 하지 않으면 어느 순간 물건들이 집안 곳곳에 쌓여, 이사 올 때만 해도 분명 넓어 보였던 집이 어느새 너무 좁아 보이게 됩니다. 집의 크기는 중요하지 않죠. 집이 커지면 커질수록 또 다른 짐들이 집을 차지하기 때문입니다.

집 정리는 사실 노트 정리와 별반 다르지 않습니다. 매일 학교에서 배우는 것들을 그때그때 정리하지 않으면 나중에는 한 번에 머릿속에 들어갈 수 없을 정도로 많은 정보량 때문에 정리를 포기하게 됩니다. 그러면 어떻게 될까요? 시험을 볼 시기가 다가오면 공부해야 할 것들이 어느 순간 거대한 산만큼 쌓여 선뜻 공부하기 어렵게 되죠. 공부는 한 번에 몰아서 하는 게 아니라 꾸준히 해야 한다는 사실을 누구나 알고 있지만 실천하기는 쉽지 않습니다.

노트 정리는 꾸준한 공부를 위한 디딤돌입니다. 매일 공부한 것을 노트에 정리하다 보면 자연스레 그날 공부한 내용을 복습하게 되고 머릿속 생각도 정리됩니다. 그뿐인가요? 노트 정리를 하다 보면 창의적으로 생각할 수 있는 힘도 길러집니다. '노트 정리로 어떻게 창의적 사고를 기를 수 있다는 것이지?'라고 생각할 수도 있습니다. 만약 그렇다면 노트 정리를 단순히 교과서 내용을 베껴 쓰는 것으로 생각하고 있어서입니다. 노트 정리는 학습 내용의 구조를 이해하게 돕고, 학습 내용 중 중요한 것과 중요하지 않은 것을 파악하게 하며, 학습 내용에 대해 끊임없는 질문을 해볼 수 있게 해줍니다. 이런 과정을 통해 우리는 창의적으로 공부하는 힘을 기를 수 있습니다.

창의적이라고 하면 무언가 새로운 것을 계속 떠올려야 한다고 생각하지만 그렇지 않습니다. 창의적 사고의 기본은 대상이 무엇인지를 이해하고 그 대상과 관련된 혹은 관련되지 않은 요소들을 연결하는 것입니다. 특히 질문은 이런 과정을 촉진시켜주죠. 사실 노트 정리를 할 때도 학습 내용을 적으면서 스스로 '이건 왜 그렇지?', '꼭 이렇게 해야 하는 것일까?', '이와 관련된 내용은 또 뭐가 있을까?', '다른 시각으로 볼 수는 없을까?' 등의 질문을 해보는 과정이 진행됩니다. 만약 그렇게 되지 않는다면, 앞서 말한 것처럼 공부 내용을 노트에 옮겨 적기만 하는 것을 노트 정리라고 생각하기 때문일 것입니다.

지금처럼 온라인으로 학습하는 시대에 노트 정리는 더 중요할 수밖에 없습니다. 온라인으로 수업을 듣다 보면 컴퓨터의 카메라를 보고 있지만 수업에 몰입하지 못하는 경우가 많습니다. 또한 온라인 학습은 아이들이 학습에 몰입할 수 있도록 통제하기도 어려운 구조입니다. 게다가 스스로 공부하는 데 익숙하지 않은 아이들은 온라인 수업 이후 어떻게 공부를 해야 할지 모르는 경우도 많습니다.

이럴 때 노트 정리는 아이들이 학습에 몰입할 수 있는 기반을 마련해줍니다. 수업을 들을 때 간단히 메모를 하면 수업에 더 집중할 수 있습니다. 책을 읽을 때 손으로 뭔가를 쓰다 보면 자연스레 책에 빠지는 것처럼 말이죠. 그래서 노트 정리는 많은 비용을 들이지 않고 자기주도적으로 공부할 수 있는 좋은 수단이 됩니다.

선행학습보다 아이의 생각 습관이 중요하다

2020년 청소년 통계에 따르면, 초·중·고교생의 74.8%가 사교육을 받는다고 합니다. 사교육 참여 시간도 과거보다 증가했습니다.• 특히 초등학생의 사교육 참여율은 83.5%나 되는데요. 이 수치는 중학생 71.4%, 고등학생 61.0%보다 10% 이상 높은 수치입니다. 왜 이렇게 초등학생의 사교육 참여율이 높은 것일까요? 그건 바로 선행학습 때문입니다.

교육에 조금이라도 관심이 있는 부모들은 아이가 초등학교에 입학하기 전부터 국어, 영어, 수학, 과학, 한자 등 다양한 과목의 사교육을 합니다. 초등학교에 들어가서도 여전히 이런 사교육이 이루어지고, 초등 고학년에 들어서면 좋은 중학교에 입학하기 위해 더 많은 선행학습이 이루어지고 있는 것이 현재 우리나라의 현실입니다. 그런데 이런 선행학습은 단기적으로는 효과를 볼 수 있을지 몰라도 장기적인 효과는 크지 않습니다.

이미 오래전 선행학습 효과에 관한 연구가 있었는데, 선행학습

• '선행학습 안할 수도 없고'… 초등 10명 중 8명 사교육받는다', 동아일보, 2020.04.27.

스스로 학습을 위해 초등부터 습관 만들기

을 한 학생들의 성적이 대입에 가까울수록 뒤처지는 것으로 나타 났습니다.[*] 이 연구는 2000년 12월부터 1년간 서울 시내 초등학교 5~6학년, 중학교 1~3학년, 고등학교 1~2학년 학생을 대상으로 한 결과인데요. 선행학습이 심리적 안정감을 줄 수는 있지만 아이들의 잠재적 학습 역량을 향상시키는 데에는 한계가 있다고 합니다. 오히 려 선행학습은 단시간에 많은 것을 배워 아이들이 자주적으로 생 각하는 훈련을 못하게 합니다. 선행학습을 통해 한 번 들어본 적이 있는 내용은 마치 자신이 다 알고 있다는 착각을 불러일으키기 때 문입니다.

선행학습은 단순 지식 습득에 중점을 둡니다. 아이가 이런 지식 을 어떤 관점에서 바라보는지, 왜 습득해야 하는지에 대한 내용은 빠져있죠. 그러다 보니 초등학교 때 공부를 잘하던 아이가 중·고등 학교에 들어가서는 어려움을 겪는 경우가 많습니다. 초등학교에서 중학교, 중학교에서 고등학교로 갈수록 교과서의 내용이 어려워져 그동안 수동적으로 배워왔던 아이들이 오히려 학습능력 저하로 이 를 따라가지 못하기 때문입니다.

그런데 어떤 아이는 이를 극복하고 어떤 아이는 이를 극복하지 못합니다. 분명 똑같이 공부를 했음에도 말이죠. 이 차이는 무엇일 까요? 단순히 머리가 좋아서 그럴까요? 정말 뛰어난 친구가 아닌 이

• 이종태 외(2002), 《선행학습 효과에 관한 연구》, 한국교육개발원.

상 아이들의 수준은 대부분 비슷합니다. 다만 아이가 학습 내용이 어려워도 이를 극복할 수 있는 능력이 있는지 없는지의 차이일 뿐입니다.

선행학습은 공부를 스포츠 경기처럼 이기는 데에만 집중하게 합니다. 그래서 누가 더 빨리 하느냐에 초점을 둡니다. 그 중심에는 비교가 있습니다. 누구 아이는 벌써 중학교 과정을 공부하더라, 누구 아이는 벌써 글밥이 많은 책을 읽고 있더라 등의 말을 하면서 말이죠. 하지만 학습은 다른 누군가를 이기기 위한 과정이 아니라 스스로 자신의 생각을 정리하는 과정입니다.

스스로 학습을 위한 노트 정리

그렇다면 우리는 어떻게 공부해야 할까요? 학년이 올라갈수록 어려워지는 공부를 잘하기 위해서는 무엇이 필요할까요? 바로 아이가 자신이 배운 것을 자신만의 방식으로 소화하는 법을 배우는 일입니다. 초등학교 때 무조건 지식을 암기하는 것에만 중점을 둔 아이는 학습 난이도가 높아지면 공부를 하다 지칩니다. 하지만 자신만의 방법으로 공부를 하는 친구들은 조금 힘들더라도 이를 극복합니다. 노트 정리는 이런 힘을 길러줍니다. '노트 정리를 한다고 어떻게 저런 힘이 길러질 수가 있지?'라고 생각할 수 있습니다. 그런

스스로 학습을 위해 초등부터 습관 만들기

데 생각해보면 우리가 공부할 때 가장 어려워하는 것이 바로 핵심을 파악하는 일입니다. 노트 정리는 이 능력을 길러줍니다. 노트 정리를 하면서 교과서 내용의 핵심이 무엇인지 파악하고 이것이 무슨 의미인지를 생각하기 때문이죠. 단지 선생님이 시켜서 아무 생각 없이 교과서에 있는 내용을 베끼기만 한다면, 제대로 된 공부일까요?

부모가 파악해야 하는 것은 정말 우리 아이가 스스로 공부할 수 있는 역량이 있느냐 없느냐입니다. 이를 위한 가장 좋은 방법이 노트 정리입니다. 초등 고학년 때 노트 정리 연습을 해둬야 중학교에 가서도 좋은 성적을 거둘 수 있습니다.

가끔 TV에서 해외의 아이들이 공부하는 모습을 보면, 아이 스스로 무언가를 배우게 하는 것들을 볼 수 있습니다. 그 방법이 질문이 될 수도 있고 어떤 프로젝트가 될 수도 있습니다. 노트 정리도 그 방법 중의 하나죠. 노트 정리에는 사실 이미 스스로 학습한 내용에 대해 질문을 던져보고 생각해보는 과정이 담겨있습니다.

만약 아이가 노트 정리만 했을 뿐 정리한 내용에 대해 어떤 생각이 없다면, 그 아이는 그냥 공책에 글자를 적는 활동만 한 것이나 다름없습니다. 제대로 된 노트 정리 과정에는 이미 우리가 흔히 말하는 '하브루타 공부법'이 들어있습니다. 다만 스스로 하는 것일 뿐이죠.

2∘ 종이에 낙서를
잘 하는 아이로 키우자

둘째가 초등학생 누나와 스마트폰을 보고 있는 모습을 보면 세상이 정말 빠르게 변하고 있다는 생각을 많이 합니다. 첫째를 키울 때는 가능하면 스마트폰을 보여주지 않으려고 온갖 노력을 기울였는데 말이죠. 이제는 식당에서 어린아이들이 스마트폰을 보면서 밥을 먹는 모습을 쉽게 볼 수가 있습니다.

그래서인지 요즘은 미취학 아이들도 혼자서 스마트폰에 어플을 다운받기도 하고 유튜브 어플을 켜서 자기가 원하는 영상을 찾아봅니다. 어렸을 적부터 스마트폰을 만지다 보니 초등학생이 되어서는 성인보다도 스마트폰을 더 잘 다루는 아이들도 쉽게 볼 수 있습니다. 물론 스마트폰을 잘 다루는 것이 나쁜 것은 아닙니다. 다만 아이들이 너무 영상이나 이미지에 익숙해져 기본적인 학습 역량이 부족해지지 않을까라는 두려움이 생길 뿐이죠.

쓰는 것이 익숙한 아이로 키우자

OECD가 발표하는 국제학업성취도평가Program for International Student Assessment, PISA 결과를 보면, 한국은 읽기·수학·과학 과목에서 최하등급을 받은 학생의 비율이 2000년 6%에서 2018년 14.8%까지 2배 이상 증가하고 있습니다. 이렇게 우리나라의 학업성취도평가 결과가 하락하는 이유는 무엇일까요? 선행학습을 많이 함에도 불구하고 말이죠.

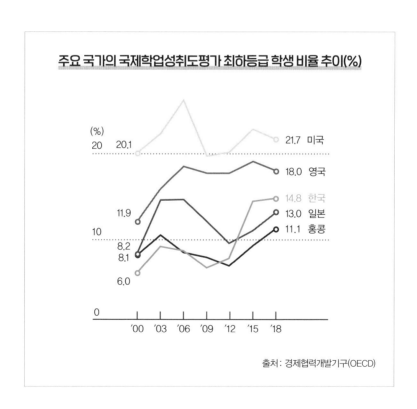

출처: 경제협력개발기구(OECD)

저는 그 이유 중 하나가 영상을 접하기 쉬워진 것이라고 생각합니다. 아이들이 영상을 많이 보다 보니 듣고 보는 것에만 익숙해져 읽기와 쓰기 역량이 떨어지고 있는 것이죠. 이와 관련해 이야기를 나눴던 초등학교 교장 선생님은 "정보를 그림이나 영상으로 받아들이다 보니 문해력이 떨어진다. 글자를 받아들이는 능력과 영상을 받아들이는 능력은 다르다. 영상 때문에 더 떨어진다. 실제로 시험을 쳤을 때, 알고 있는 것인데 문제에 대한 이해도가 떨어져서 틀리는 경우가 많다."라고 말합니다.

특히 쓰기 역량은 더욱 부족한 현실입니다. 모든 것을 듣고 보는 것으로 해결하려고 하다 보니 글씨체는 엉망이고 쓰는 것 자체를 두려워합니다. 이런 상황에 처한 아이들에게 노트 정리를 억지로 시키는 것은 여간 어려운 일이 아닙니다.

그렇다면 어떻게 해야 할까요? 본격적으로 노트 정리를 시키기 전에 아이가 종이에 친숙해지도록 도와주어야 합니다. 초등 저학년 때는 기본적으로 글자를 잘 쓰지도 못할뿐더러 한글도 익숙하지 않습니다. 그래서 대부분 초등 저학년 시기에 노트 필기가 필요 없다고 생각합니다. 맞습니다. 초등 저학년 때는 아이가 글씨 쓰는 것 자체를 힘들어하기 때문에 노트 필기까지 하는 것은 현실적으로 어렵습니다. 그렇다고 초등 저학년의 시기를 그냥 보내서도 안되죠.

초등 저학년 때는 일단 아이가 노트에 익숙해지도록 하는 것이 필요합니다. 우리가 흔히 말하는 정리를 위한 노트가 아닐지라도 일단은 노트에 글씨를 써보는 습관을 길러야 합니다. 스마트폰 화면보다는 종이에 익숙해지기 위해 말이죠.

보통 공부에 관심 있는 부모들은 초등학교 입학 전부터 아이에게 많은 책을 읽히고 학습지도 시키면서 아이가 공부에 관심을 가지도록 합니다. 이 과정을 통해 아이는 듣기와 읽기에 익숙해집니다. 그런데 초·중·고등학교를 다니면서 가장 중요한 '쓰기'에는 상대적으로 관심이 없습니다.

책을 읽어도 몇 권의 책을 읽었는지에만 관심을 가지고 책을 읽고 느낀 점을 한 문장이라도 써보는 연습은 잘 하지 않습니다. 물론 한글에 익숙하지 않아서이기도 합니다. 하지만 초등 고학년이 되어서도 마찬가지입니다. 읽기는 강조하지만 쓰기는 잘 강조하지 않습니다. 다행히 최근에는 사람들이 점점 쓰기에 관심을 가지면서 초등학생을 대상으로 하는 글쓰기 책이 많이 출간되고 있습니다.

지금은 듣기, 읽기보다 쓰기가 중요한 시대가 되었습니다. 초등 저학년 때부터 아이가 쓰기에 익숙해질 수 있도록 종이에 그림을 그리든 글자를 써보든 연필을 쥐고 쓰는 연습을 해봐야 합니다.

그렇지 않으면 지금처럼 온라인 교육이 확산되고 있는 상황에서 아이는 이제 연필을 쥘 시간도 줄어들 가능성이 높습니다. 어렸을 적부터 클릭과 터치에 익숙해진 아이들에게 쓰기는 힘들고 불필요한 일이 되는 것이죠. 패드를 활용해 노트 필기를 하면 안 되는지 물어보는 분도 있습니다. 요즘에는 디지털 기기가 좋아져 노트에 필기하는 것처럼 패드에 글씨를 쓸 수 있습니다. 하지만 패드를 이용한 필기는 아이가 오직 노트 정리에만 집중하는 데 방해가 될 수 있습니다. 어떤 친구들은 패드에 필기를 하다가 인터넷에 접속해 시간을 낭비하기도 합니다. 사실 성인도 마찬가지죠. 요즘 대부분의 사람들이 컴퓨터나 패드에 정리를 하는데, 이 디지털 기기를 이용하다 보면 꼭 딴짓을 하게 됩니다. 이런 딴짓을 스스로 통제할 수 있다면 좋겠지만, 성인도 어려운데 아이들이 스스로를 제어하기는 더더욱 쉽지 않습니다. 그래서 되도록이면 종이 노트에 필기하는 습관을 들이는 것이 좋습니다.

또 다른 면에서 생각해보면, 종이 노트는 빠르게 페이지를 넘겨가며 전체 내용을 한눈에 볼 수 있지만 패드 같은 디지털 기기는 뭔가를 찾거나 전체 맥락을 이해할 때 쉽지 않습니다. 종이책과 전자책처럼 말이죠.

쓰기에 대한 반복적 노출이 중요하다

우리가 너무나도 잘 알고 있는 토머스 에디슨이나 레오나르도 다빈치 또한 자신의 아이디어를 항상 노트에 적었습니다. 노트에 무언가를 적는다는 그 행위만으로도 자신의 생각이 정리되기 때문입니다.

토마스 에디슨과 레오나르도 다빈치의 노트

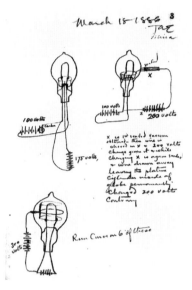

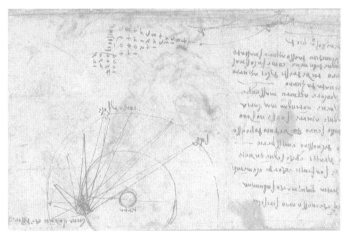

만약 적지 않는다면 어떻게 될까요? 아무리 좋은 아이디어라도 머릿속에 잠시 있다가 사라지게 됩니다.

그래서 일단은 본격적인 노트 정리가 필요한 시기인 초등 고학년 전에 아이가 종이에 익숙해지는 시간을 가지는 것이 필요합니다. 부모들도 아이가 종이에 뭔가를 쓰는 행위 자체를 자꾸 칭찬해줘야 합니다. 보통 부모들은 아이가 뭔가를 쓰면 그 내용에 대해 평가를 합니다. 성인들은 그런 평가에 익숙해져 있기 때문에 무의식적으로 그런 습관이 나오게 됩니다. 그런데 초등 저학년 때는 평가보다 칭찬을 통해 아이가 쓰는 행위를 즐길 수 있도록 해야 합니다. 그러기 위해서는 반복적인 노출이 중요합니다.

영국에서 진행된 한 연구에서는 유치원생들을 대상으로 반복의 효과를 알아보기 위해 맛이 없는 아티초크라는 음식을 가지고 실험을 했습니다.[*] 이 실험은 아이들에게 반복적으로 이 음식을 제공했을 때 아이들의 먹는 양이 조금씩 증가하는지를 알아보는 것이었는데요. 그 결과는 어땠을까요? 보통 우리는 아이들이 채소를 잘 먹지 않을 때 아이들이 좋아하는 음식이나 달콤한 것과 같이 주는 경우가 많은데요. 이 실험은 그런 일을 하지 않아도 아이들에게 지속

---

* Samantha J. Caton et al.(2012), "Repetition counts: repeated exposure increases intake of a novel vegetable in UK pre-school children compared to flavour-flavour and flavour-nutrient learning", 〈British Journal of Nutrition〉 109, 2089-2097.

스스로 학습을 위해 초등부터 습관 만들기

직으로 이 음식을 제공해주면 아이들의 먹는 양이 증가한다는 것을 증명했습니다.

이를 노트 정리에도 적용해본다면 어떨까요? 아이가 일기 같은 것을 꾸준히 써보게 할 수 있지 않을까요? 그러다 보면 아이는 자연스레 종이로 된 책에도 익숙해지며 공부를 자연스러운 행위로 인식할 수 있게 됩니다. 아이가 스마트폰을 자주 보면 스마트폰에 빠지는 것처럼 무의식적으로 일기를 쓰게 만드는 것이죠. 그림일기처럼 글보다 그림이 더 많아도 상관없습니다. 이런 습관은 한번 형성되기만 하면 그 이후로는 지속되기 쉽습니다. 의자에 앉아 책상에서 공부하는 습관처럼 말입니다.

아이가 관심 있는 것부터 쓰게 하자

또 어떤 방법이 있을까요? 똑같은 쓰기 활동이라도 아이가 이를 어떻게 인식하느냐에 따라서 아이의 집중력과 성과가 달라집니다. 한 연구에서는 성인들을 대상으로 달력의 만화를 다양한 형태로 분류해보는 실험을 실시했습니다.* 한 집단에는 이 과제를 게임, 다른 집단에는 일이라고 표현했는데, 게임이라고 표현했던 집단이 집중력도

● 엘렌 랭어(2016), 김현철 역, 《마음챙김 학습혁명》, 더퀘스트, 85−86.

좋았을뿐더러 난이도가 높은 과제를 수행할 때 일이라고 표현한 집단보다 더 즐겁게 과제를 수행했습니다.

그러면 어떻게 해야 쓰기라는 활동을 아이들이 공부보다 게임처럼 생각하게 할 수 있을까요? 초등 저학년 때 아이가 가지고 있는 호기심을 쓰기로 연결해보는 것입니다. 대부분의 아이들은 자신이 좋아하는 분야에 대해 말하고 보여주고 싶어 합니다.

아이가 자동차를 좋아한다면 국내외 다양한 자동차를 보여주면서 종이에 그려보고 자동차 이름을 적어보게 할 수 있습니다. 또 국기에 대해 관심을 가지고 있다면 세계 지도를 아이와 같이 그려보면서 전 세계 국기를 공부할 수도 있습니다. 공룡도 마찬가지입니다. 티라노사우루스, 트리케라톱스 등 다양한 공룡들을 그려보고 이름을 적다 보면 스마트폰이나 패드가 아닌 종이에 자연스럽게 익숙해지죠. 초등 저학년 때는 교과서의 내용을 정리하는 것보다는 아이가 좋아하는 것들을 아이 스스로 적어보는 시간을 갖는 것이 중요합니다. 이렇게 계속 쓰다 보면 아이만의 공룡 백과사전이 만들어질 수도 있겠죠.

이런 과정을 통해 아이는 자신의 생각을 표현하는 힘을 기르는 동시에 자신의 호기심도 충족시킬 수 있습니다. 교과서에 목매어 아이를 힘들게 하는 선행학습보다는 아이의 미래를 위해 쓰기에 익숙해지도록 해보면 어떨까요? 앞으로는 창의력이 중요한 사회라고 하는데 우리는 지식 습득에만 너무 집중하고 있는 경우가 많습니다.

빠르게 변하는 시대에는 단순한 지식 습득보다 새로운 지식을 새로운 사고로 보는 습관이 더 중요하지 않을까요?

3 ◦ 베껴 쓰기를 통해
글쓰기에 익숙해질 수 있다

왜 베껴 쓰기를 해야 할까?

글을 쓰는 행위에 가장 빠르게 익숙해지는 방법은 베껴 쓰기입니다. 필사라고도 말하죠. 글을 잘 쓰고 싶은 사람들은 자신이 좋아하는 작가의 글이나 관심 있는 책의 내용을 베껴 씁니다. 영어 공부를 할 때도 보통 베껴 쓰기를 많이 합니다. 모국어가 아니기 때문에 빠르게 영어에 익숙해지기 위한 것이죠.

사실 베껴 쓰기는 누구나 한 번쯤은 해보지만 오랫동안 하기는 힘든 일이기도 합니다. 그래서 아이들에게 성인처럼 많은 양을 베껴 쓰게 하는 것이 아니라 책을 읽고 나서 재미있었던 내용과 관련한 몇 문장을 베껴 써보게 하는 것이죠. 예를 들어 그리스 로마 신화 책을 좋아한다면 자신이 좋아하는 신과 관련된 내용을 베껴 써

스스로 학습을 위해 초등부터 습관 만들기

보는 것입니다. 그러다 보면 뭔가를 쓰는 것이 재미있는 일이 될 수가 있으니까요.

베껴 쓰기 하면 무엇이 좋을까?

베껴 쓰기를 하면 어떤 점이 좋을까요? 먼저 글의 흐름이나 구조를 이해할 수 있습니다. 국어 6-1(가) 4단원 '주장과 근거를 판단해요'에는 〈자연 보호는 우리가 꼭 해야 할 일〉이라는 제목의 논설문이 나옵니다. 단락별로 두 문장 정도만 추려보면 다음과 같습니다.

> 우리나라뿐만 아니라 세계 곳곳에 벌어지는 자연 개발은 우리 삶을 위협한다. (…) 우리는 자연의 목소리에 귀를 기울이고 자연을 보호해야 한다. 왜 자연을 보호해야 할까?
> 첫째, 자연은 한 번 파괴되면 복원되기 어렵다. (…) 자연의 힘이 아무리 위대해도 자정 능력을 넘어서는 오염을 감당하기는 어렵다.
> 둘째, 무리한 자연 개발은 생태계를 파괴한다. (…) 사람도 자연의 일부분이므로 살 수 없는 곳은 살아도 살 수 없는 곳이 된다.

> 셋째, 자연은 우리 후손이 살아갈 삶의 터전이다. (…) 자연은 조
> 상이 남긴 소중한 환경 유산이자 후손이 앞으로 살아갈 삶의 터
> 전임을 기억해야 한다.
> 자연은 어머니의 따뜻한 품이자 우리의 영원한 안식처이다.
> (…) 이제 우리 모두 자연 보호를 실천해야 한다.
>
> 출처: 국어 6-1(가) 4단원 '주장과 근거를 판단해요'

이 글을 베껴 쓴다면, 논설문이 어떤 글인지에 대해 설명을 듣거나 읽는 것보다 더 쉽고 자연스럽게 이해할 수 있습니다. 뿐만 아니라 베껴 쓰면서 문장이나 글의 구조 등을 파악할 수 있어 실제로 아이가 논설문을 쓸 때 도움이 됩니다. 물론 교과서에 이 논설문과 관련된 학습 문제가 나오지만 이 학습 문제를 잘 푸는 것과 논설문을 잘 쓰는 것은 또 다른 문제이기 때문입니다. 예를 들어, 학습 문제를 푸는 것으로 서론, 본론, 결론이 논설문의 구조라는 것은 알수 있습니다. 하지만 단순히 문제 풀이만으로는 서론, 본론, 결론의 첫 문장은 어떻게 시작할 수 있는지, 주장에 대한 근거를 설명할 때는 어떤 식으로 글을 전개해야 하는지, 결론은 어떻게 마무리해야 하는지를 알 수가 없습니다. 그래서 이런 논설문 같은 글을 계속 베껴 쓰면서 자연스레 논설문을 이해할 수 있게 하는 것이죠. 사설이

스스로 학습을 위해 초등부터 습관 만들기

나 칼럼을 베껴 쓰는 것도 같은 맥락입니다. 사회나 과학에서 유직지나 박물관 등에 현장 체험 학습을 가는 것이 국어에서는 베껴 쓰기라고 할 수 있습니다.

두 번째는 맞춤법과 다양한 표현을 터득할 수 있다는 것입니다. 국어 5-1(나) 8단원 '아는 것과 새롭게 안 것'에는 〈자연을 닮은 우리 악기〉라는 글이 나옵니다. 이 글의 일부를 볼까요?

> 북은 백성들과 아주 가까운 악기로 힘든 농사일에 흥을 돋우기 위한 풍물놀이에 빠지지 않았어요. 장구는 모래시계를 옆으로 뉘어 놓은 것처럼 허리가 잘록한데, 다른 악기들과 어울려 흥을 돋워주지요.
>
> 출처: 국어 5-1(나) 8단원 '아는 것과 새롭게 안 것'

이 글에서 보면 '흥을 돋우기 위한 풍물놀이'라는 표현이 나오는데요. 보통 성인들도 '흥을 돋구다'라고 잘못 사용하는 단어 중의 하나입니다. 돋우다와 돋구다의 차이가 무엇일까요? 사전을 찾아보면, 돋우다는 '위로 끌어 올려 도드라지거나 높아지게 하다', 돋구다는 '안경의 도수 따위를 더 높게 하다'라는 뜻을 가지고 있습니다. 그렇기 때문에 여기서 '흥을 돋구다'라고 하면 맞춤법에 맞지 않습니다. '모래시계를 옆으로 뉘어 놓은 것처럼'에서 '뉘어'도 쉽게 틀리는 단어 중 하나입니다. '뉘다'는 '누이다'의 준말로 '몸을 바닥 따위에 수평 상태로 길게 놓다', '물체를 가로놓이게 두다'라는 뜻을 가지고 있는데요. 이를 '뉘여 놓은 것처럼'이라고 쓰면 잘못된 것이죠. 이렇게 베껴 쓰다 보면 자연스럽게 맞춤법과 표현을 같이 알 수 있습니다. 단순히 글을 읽는다고 해서 아이가 글을 쓸 때 올바른 표현을 하지는 못합니다.

세 번째로 맥락에 대한 이해를 통해 교과서의 내용을 깊이 있게 이해할 수 있습니다. 사실 우리가 공부를 할 때 가장 중요한 것이 맥락입니다. '돋우다'라는 단어의 뜻을 알고 있다고 해서 '흥을 돋우기 위한 풍물놀이'라는 표현을 쓸 수 있는 것은 아닙니다. 이 단어가 어떤 맥락에서 사용되는지 알 수 있어야 하죠. 단어를 외울 때 예문을 같이 공부하는 것도 그런 이유 때문입니다. 글 전체를 이해할 때도 마찬가지죠. 나무보다 숲을 봐야 공부를 잘할 수 있는 것처럼 말이죠. 그래서 단순히 공부하고자 하는 단어가 있는 한 문장만을 학습하는 것보다 그 단어가 있는 문단을 같이 보는 것이 더 좋습니다. 예를 들어 초등학생 아이의 학습지에 "민수는 화가 (저만치, 잔뜩) 났습니다."라는 문제가 있었는데요. 이 문제를 풀어서 '잔뜩'이라는 단어의 뜻과 활용을 아는 것도 분명 도움이 됩니다. 그런데 여기서 그치는 것이 아니라 어떤 이야기(상황) 속에서 이런 문장들이 사용되는지 안다면 아이의 글쓰기 능력이 더 향상되겠죠.

마지막으로 스스로 질문하고 생각하는 시간을 가질 수 있습니다. 소설가 김훈의 작품을 필사한 사람은 인터뷰에서 "스마트폰이나 노트북 자판을 치는 속도는 말하는 속도와 비슷해 글을 써도 생각할 시간이 없다. 반면 손으로 한 자씩 눌러 쓰려면 물리적 시간이 필요하고 그 틈에 생각할 수 있는 시간이 생긴다."고 말했습니다. 우리는 독서를 할 때 강박적으로 빨리 읽기, 몇 권 읽기에 집중하는데 쓰기는 쓰는 것 자체에 집중하기 때문에 글의 내용에 대해 한 번 생각해볼 수 있는 기회를 가질 수 있습니다. 국어 5-1(나) 9단원의 '여러 가지 방법으로 읽어요' 중 〈아름다운 비색을 지닌 고려청자〉**라는 글을 한 번 볼까요?

고려청자는 맑고 은은한 비색으로 유려한 곡선을 강조하며 상감기법으로 회화적인 아름다운 무늬를 표현한 것이 특색이다. 우리는 이러한 고려청자로 고려인들의 독창성과 뛰어난 기술력을 엿볼 수 있다. 이는 중국의 청자를 받아들이면서 그저 모방에 그치는 것이 아니라, 아름다운 비색과 독특한 상감기법으로 발전했다는 점이다. 따라서 고려청자는 여러 가지 모양과 형

• "'베껴 쓰기'로 힐링을?… 문학 작품 '필사'에 중독된 사람들", 동아일보, 2015.02.10.
•• 류재만(2003), 〈청자의 이해 지도에 관한 연구〉, 《미술교육논총 17》, 한국미술교육학회.

태의 아름다움을 일궈 낸 고려인들의 노력과 열정을 그대로 담고 있다.

출처: 국어 5-1(나) 9단원 '여러 가지 방법으로 읽어요'

그냥 이 글을 읽는 것에만 집중했다면 '고려청자의 상감기법이 대단한 것이구나. 고려인들의 노력과 열정이 담겨있는 것이구나.'라는 생각으로 끝날 수 있습니다. 하지만 쓰다 보면 스스로 이런 질문을 해볼 수가 있습니다.

"왜 고려청자의 상감기법이 대단한 것일까?"
"왜 고려인들은 중국의 청자를 모방하지 않았을까?"

하루에 한 문장이라도 베껴 쓰는 습관을 들이자

실제로 베껴 쓰기를 많이 한 사람들은 베껴 쓰기를 하면서 단어, 문장 하나하나에 대해 깊이 있게 생각해보는 시간을 가졌다고 합니다. 사실 모든 글은 작가의 생각이나 가치가 담겨있고 단어나 문장 또한 작가의 의도가 담겨있기 때문입니다. 무의식적으로 쓰는 단어나 분상도 있지만 의식적으로 이 단어나 이런 문장을 써야겠다는 생각도 있기 때문입니다.

이미 이런 글쓰기의 중요성은 미국 하버드대에서 글쓰기 프로그램을 진행해온 낸시 소머스Nancy Sommers 교수의 한 언론 인터뷰에서도 알 수 있습니다. "시험만 잘 보는 학생은 '정해진 답'을 찾는 데 급급하지만 글을 잘 써야 '새로운 문제'를 찾아낼 수 있다."라고 했습니다.•

이처럼 베껴 쓰기는 단순히 글씨를 쓰는 행위가 아닙니다. 어린 아이들에게 베껴 쓰기는 종이와 연필에 익숙해지게 하는 하나의 방법일 뿐만 아니라 스스로 무언가를 생각해보게끔 하는 방법이기도 합니다. 이를 통해 아이들은 문해력을 향상시킬 수 있습니다.

아이가 베껴 쓰기를 하도록 어떻게 지도하면 좋을까요? 아이의 독서 수준에 따라 다를 수 있는데요. 처음에는 책 제목, 다음에는 관심 있거나 흥미가 있었던 내용과 관련한 문장, 세 번째는 한두 페이지 정도의 짧은 글을 모두 베껴 쓰기 해보면 좋습니다. 이렇게 조금씩 아이의 관심도와 책의 분량을 고려해서 베껴 쓰기를 하다 보면 쓰기라는 것에 관심을 가지지 않을까요? 다음은 초등 저학년 아이가 《행운을 가져온 공》이라는 책의 일부를 베껴 쓴 내용입니다. 이처럼 하루에 몇 문장이라도 베껴 쓰기를 해보면 어떨까요? 어렵지 않죠?

• "매일 10분이라도 글 써야 생각을 하게 돼", 조선일보, 2017.06.05.

《행운을 가져온 공》 베껴 쓰기

리딩북 제목 : **행운을 가져온 공**

날짜 : **11** 월 **29** 일

미헬은 다른 아이들처럼 깡충깡충 뛸 수가 없어요. 소아마비를 앓고 난 뒤로 미헬은 걸을 수조차 없게 되었거든요. 하루는 엄마가 미헬을 휠체어에 태우고 공원으로 데려갔어요. 아이는 쭈뼛거리다가 버렸어요. 미헬은 참을성이 아주 많아졌어요. 아이들이 엉뚱한 데로 찬 공이었어요. 미헬의 눈이 자랑스럽게 빛났어요. 자기도 공을 받을 수 있었기 때문이지요.

4 ∘ 공부의 시작과 끝, 노트 정리

혼자 공부하는 데 어려움을 겪는 아이들

노트 정리가 잘 되지 않는 아이들은 대학교에 입학해서도 여전히 스스로 공부를 하는 데 어려움을 겪습니다. 왜 어려움을 겪을까요? 초·중·고등학교를 거치면서 분명 많은 공부를 했음에도 말이죠. 그 이유는 간단합니다. 앞에서도 강조했듯이 노트 정리를 통해 자신의 생각을 정리하고 표현하는 연습을 한 것이 아니라 그냥 다른 사람의 지식을 노트에다가 옮겼기 때문입니다.

　대부분의 아이들이 그렇습니다. 중·고등학교 수업 시간 때를 생각해보면, 선생님이 칠판에 적어주신 것을 그대로 노트에 옮기기만 합니다. 노트에 그냥 글자를 적는 것이죠. 적는 것에 초점을 두다 보니 노트 필기의 핵심인 자신만의 사고를 통한 정리는 점점 사라집니다.

노트 필기와 관련해 인터뷰를 한 중학교 국어 선생님은 "중학교 때 아이들이 초반에 가장 많이 질문하는 것이 '필기' 부분이다. 아이들이 수업을 들으며 중요하다고 생각하는 내용에 밑줄을 긋고, 메모를 하는 연습이 잘 안 되어있는 것 같다."라고 말했습니다. 아이들이 스스로 노트 필기를 하는 연습이 되어있지 않고 누군가가 하라고 할 때만 수동적으로 펜을 움직이는 것이죠.

이런 상황에서는 노트 필기를 통해 우리가 길러야 할 독해력, 정리력, 사고력이라는 요소는 사라집니다. 이뿐인가요? 우리는 노트 필기를 그냥 오늘 공부한 것을 확인하는 용도 그 이상으로 잘 보지 않습니다. 자녀를 집에서 가르치는 부모 또한 마찬가지입니다.

오늘 문제집을 얼마나 풀었는지, 영어 단어를 얼마나 외웠는지, 무엇을 배웠는지 등에 대해서만 관심을 가지고 노트 필기에는 관심이 없습니다. 일기를 써도 일기장의 내용보다 분량에 초점을 둘 뿐이죠.

그런데 한 번 생각해볼까요? 부모가 물어보는 것보다 더 중요한 것은 아이가 자신의 생각을 가지고 오늘 학습한 내용을 말로 표현하는 것입니다. 이게 되지 않는다면, 앞서 부모가 아이에게 물어보는 것은 '수박 겉핥기'에 가까운 것이죠.

노트 정리는 스스로 학습의 기본이다

공부에서의 결과는 분명 중요합니다. 하지만 과정보다 결과에 집중하게 되면, 아이는 홀로 남겨졌을 때 스스로 공부하지 못하게 됩니다. 수많은 사교육을 통해 좋은 결과를 이뤘지만 그 결과가 지속되지는 않기 때문입니다. 헬리콥터맘(자녀의 일에 지나치게 간섭하며 자녀를 과잉보호하는 엄마)이라는 용어가 나온 이유도 같은 맥락입니다. 성인이 된 아이의 주변을 엄마가 계속 맴돌며 아이의 자립을 막다 보니 혼자서는 할 수 없게 되는 것이죠.

특히 지금과 같이 온라인을 통해 학습하는 환경에서는 더욱 그렇습니다. 코로나 19로 인해 아이들이 학교에 가지 않고 원격으로 수업을 듣는 상황에서는 자기주도학습이 더 중요할 수밖에 없습니다. 요즘 코로나 19 때문에 공부 습관이 무너진 아이들이 많다고들 합니다. 물론 급격한 환경의 변화로 인해 그럴 수도 있습니다.

하지만 그보다 더 근본적인 이유는 아이들이 스스로 공부하는 습관이 없었기 때문입니다. 어딘가에 자꾸 의지하다 보니 온라인을 통한 학습은 너무 막연하게 느껴지는 것이죠. 스스로 학습을 위해서는 노트 정리가 필수입니다. 노트 정리는 사실 공부의 처음과 끝이 모두 담겨있는 활동이기도 합니다. 혼자서 노트 정리를 하다 보면 과목별로 어떻게 공부를 해야 할지에 대해 생각할 수 있을 뿐만 아니라 효과적인 공부를 위한 방법도 터득할 수 있기 때문입니다.

노트 정리는 모든 공부의 기본이다

지금처럼 영상으로 모든 것을 배우는 세상에서 아이들이 간단한 문장도 이해하지 못하는 경우가 많아지고 있습니다. 비단 아이들뿐만이 아닙니다. 성인들 또한 문해력이 점점 떨어지고 있는 것이 현실입니다. 책을 읽어도 책에서 말하고 있는 내용이 정확히 무엇인지 잘 모르는 경우가 다반사입니다. 마치 아이들이 처음 한글을 배울 때, 글밥이 적은 책을 읽고서도 무슨 내용인지 모르는 것과 마찬가지입니다. 아마 부모라면 이런 상황을 많이 겪어봤을 것입니다. 책을 읽고 나서 아이에게 책에 관한 질문을 했을 때, 아이들이 그 책의 문장을 이해하지 못하고 엉뚱한 대답을 하는 것이죠. 어른의 눈에서 보면 분명 그 질문에 대한 대답이 눈앞에 있는데 말입니다.

지금까지 말한 것처럼 노트 정리는 공부의 모든 것이나 마찬가지입니다. 단순히 공책에 내가 알고 있는 내용을 적는 일이 아닌 것이죠. 더 중요한 것은 이 공부가 아이들이 자기주도학습을 하기 위한 기반이 된다는 사실입니다. 노트 필기를 제대로 하지 못한다면, 공부의 기초체력이 약하다고밖에 할 수 없습니다.

이 책을 읽기 전까지 노트 정리를 어떻게 생각하셨나요? 그냥 오늘 공부한 것을 공책에 옮겨 적는 활동이라고 생각했나요? 아니면 선생님이 알려준 내용을 그냥 메모하는 정도로 생각했나요? 요즘은 초등학교나 중학교 때 노트 필기를 잘 하지 않는 경우도 많습니다. 하지만 학교에서 노트 필기를 하지 않는다고 해서 공부할 때 노트 정리가 필요하지 않은 건 아닙니다. 노트 정리는 자기주도학습의 토대일 뿐만 아니라 모든 공부의 기본이기 때문입니다.

Chapter

2

초등 노트 정리, 어떤 능력을 키워야 할까?

1 ◦ 노트 정리에
필요한 3가지 능력

노트 정리할 때는 어떤 능력이 필요할까요? 먼저 독해력입니다. 아이가 만약 국어를 공부한다면, 교과서에 나오는 글이나 문장에 대한 이해가 필수입니다. 그런데 글에 대한 이해가 되지 않는다면, 노트 정리가 될까요? 그냥 단원별로 핵심 단어만 뽑아서 노트에 적으면 제대로 된 공부일까요? 사회 과목은 어떤가요? 사회 과목에는 다양한 단어가 나오는데 이를 그냥 옮겨 적으면 될까요? 문장에 대한 이해 없이 그냥 글을 옮겨 적는 것은 의미가 없습니다. 예를 들어, '인구 분포가 지역적으로 고르지 않으면 여러 가지 문제가 발생한다.'라는 내용을 읽고 문제를 정리하는데, 인구 분포를 이해하지 못하고 있다면 문제 정리가 도움이 될까요? 그냥 글자를 암기하는 것과 같겠죠. 수학 같은 경우도 마찬가지입니다. 다음과 같은 뺄셈식이 있습니다.

$$6 - 4 = 2$$

이 뺄셈식을 한 문장으로 표현한다면 어떻게 할 수 있을까요? "6 빼기 4는 2와 같습니다."라고 할 수 있죠. 그런데 이렇게도 표현할 수 있지 않을까요? "6과 4의 차는 2입니다."라고 말이죠. 그런데 "6과 4의 차는 얼마입니까?"라는 문장을 이해하지 못하면 어떻게 될까요? 이 뺄셈식과 관련한 정리가 되지 않겠죠. 이런 측면에서 노트 정리는 일단 독해력이 필요합니다. 독해력이 없는 노트 정리는 기계적인 글쓰기나 다름이 없습니다.

두 번째는 사고력인데요. 독해력이 있다고 해도 교과서에 나오는 내용을 자신의 생각과 글로 표현하지 못한다면 이 또한 제대로 된 공부가 아닙니다. 과거와 달리 지금은 어떤 지식을 알고 있느냐보다 그 지식을 어떻게 바라보느냐가 더 중요해졌습니다. 수많은 정보가 빠르게 생겨나고 또 빠르게 사라지기 때문입니다. 동일한 정보를 알고 있다고 해도 어떤 생각을 가지고 있느냐에 따라 정보의 가치는 달라집니다.

그래서 교과서의 단원별로 있는 내용을 아이가 어떤 식으로 정리할지가 중요합니다. 공부를 잘하는 아이들을 보면, 교과서에 있는 지식을 자신만의 방법으로 암기하거나 표현하는 것을 종종 볼 수 있습니다. 그건 어떤 의미일까요? 단지 암기를 수월하게 하기 위한 방법을 많이 알고 있는 것일까요? 그렇지 않습니다. 그 아이는 교과

초등 노트 정리, 어떤 능력을 키워야 할까?

서에 나와있는 내용을 자신만의 생각으로 정리하는 방법을 알고 있는 것입니다. 이런 면에서 노트 정리는 사고력이 필요합니다.

마지막은 표현력입니다. 교과서에 있는 수많은 글을 그대로 나만의 기준을 가지고 정리해서 적는 것도 중요하지만 이를 어떻게 표현하느냐도 중요합니다. 이는 선과 도형을 통해 지식의 구조를 표현하는 것입니다. 생각해볼까요? 노트 필기할 때 글자로만 정리하는 것이 아닌 선이나 도형을 활용한다면 어떨까요? 더 효과적이지 않을까요? 선과 도형은 눈에 바로 들어오기 때문입니다. 그래서 어떤 친구들은 자신만의 기호를 가지고 노트 정리를 하는 경우가 많습니다.

우리가 알고 있는 화살표 '→' 같은 것이 대표적이죠. 이 화살표는 원인과 결과, 혹은 순서를 나타낼 수 있습니다. 만약 화살표를 쓰지 않는다면, 우리는 노트 정리할 때 화살표에 대한 것을 다 글로 표현해야 합니다. 다음 문장들을 볼까요?

1. 플라스틱은 지구 환경을 파괴하는 주범이다.
2. 플라스틱 → 지구 환경 파괴

어떤 글이 눈에 잘 들어오나요? 2번이 더 쉽게 들어오지 않나요? 이런 표현은 단순히 글자를 기호로 대체하는 것이 아닙니다. 기본적으로 그 문장의 구조가 어떻게 되어있는지를 알고 있을 때 가능한 것입니다. 만약 아이가 저 문장을 글자로만 이해했다면 2번처럼 기호로 표현을 할 수 없었을 것입니다. 즉 내용에 대한 이해 없이는 그림이나 기호로 무언가를 표현할 수 없습니다.

2 · 왜 책을
읽어야 할까?

어렸을 적 독해력의 차이는 좁혀질까?

위 질문에 대해 어떤 생각이 드나요? 어렸을 적 독해력의 차이는
좁혀진다는 생각이 드나요? 아니면 그렇지 않다고 생각되나요? 이
질문에 대한 답을 얻기 위해 아래 그래프를 한번 볼까요? 이 그래
프의 가로축은 연령, 세로축은 독해력입니다.

질문에 대한 답이 떠오르죠? 위 그래프는 연령이 높아져도 어릴 적 독해력의 차이가 그대로 유지된다는 것을 보여줍니다. 위 그래프는 한 연구 결과에서 증명된 것인데요. 이 연구에서는 약 400여 명의 아이들을 대상으로 유치원 때부터 중학교 3학년 때까지의 독해력을 추적했습니다.[*] 그 결과 앞서 유치원생 때의 독해력 차이가 중학교 3학년 때까지 유지된다는 사실을 발견했습니다. 무슨 뜻일까요? 쉽게 말하면 책을 많이 읽는 아이가 결국 나중에 공부를 잘할 수 있는 기반을 가지게 된다는 뜻입니다. 어렸을 적 책을 많이 읽었던 아이들은 뛰어난 독해력 덕분에 다른 이유로 공부에 소홀했더라도 마음만 먹으면 공부에서 좋은 결과를 얻을 수 있습니다. 반면, 어렸을 적 책을 읽지 않은 아이들은 교과서에 나오는 글에 대한 이해력이 부족하기 때문에 뒤처진 공부를 따라잡는 데 오랜 시간이 걸립니다. 실제로 요즘 아이들은 선생님이 "여기 읽고 우리가 무엇을 배워야 할지 찾아봐."라고 하면 문장을 읽고도 내용에 대한 이해가 떨어져 주제어를 잘 찾지 못한다고 합니다. 그래서 한 중학교 선생님은 "글을 읽을 때 생각을 해야 하는데, 진짜 읽기만 하는 느낌이 강하다. 그래서 아이들에게 책을 읽고 설명해보라고 해야 한다."라고 강조했습니다.

- Francis, D. J. et al.(1996), "Developmental lag versus deficit models of reading disability: A longitudinal, individual growth curves analysis", 〈Journal of Educational Psychology〉 88(1), 3-17.

초등 노트 정리, 어떤 능력을 키워야 할까?

'왜' 책을 읽어야 하는지 스스로 깨달아야 한다

노트 정리를 잘하기 위해서는 독해력이 필요하고, 이 독해력을 높이려면 익히 알고 있듯이 책을 많이 읽어야 하는데요. 우리가 여기서 한 가지 놓치고 있는 것이 있습니다. 아이에게 무작정 책을 읽으라고 하면 될까요?

공부를 잘하기 위해서, 성공하기 위해서, 다른 사람들보다 뛰어난 사람이 되기 위해서. 많은 부모들이 아이들에게 책을 읽히기 위해 이런 이유를 말합니다. 어쩌면 지금 우리 현실에서는 맞는 이야기일 수도 있습니다. 하지만 이런 이유로 아이들이 책을 읽는다면, 얼마나 오랫동안 읽을 수 있을까요? 설사 읽는다고 하더라도 아이들이 책에 흥미를 가질까요? 더 나아가 책 내용을 바탕으로 호기심을 갖게 되고 학습능력을 높일 수 있을까요?

성인들도 책을 잘 읽지 않는 상황에서 아이에게 공부를 잘하기 위해 책을 읽으라는 이야기는 동기 부여가 되지 않습니다. 그렇다면 어떻게 해야 할까요? '왜' 책을 읽어야 하는가를 설명해줘야 합니다. 아이의 관점에서 말이죠. 앞서 말한 이유들은 다 성인의 관점에서 생각한 것입니다. 현재 초·중등학생의 관점에서는 그런 이유들이 바로 와닿지 않을 수 있습니다.

아이가 책에 흥미를 가질 수 있는 이유를 알려줘야 합니다. 예를 들어, 아이가 자동차에 관심을 가지고 있다면 자동차와 관련된, 혹은 자동차가 나오는 책을 읽어보라고 하는 것이죠. 꼭 공부를 위한 책을 읽어야만 독해력이 길러지는 것은 아니기 때문입니다. 어렸을 때 독서의 핵심은 많은 지식을 습득하는 것보다는 관심을 가질 수 있게 해주는 것입니다.

현재 우리가 배우고 있는 지식은 언제든지 바뀔 수 있습니다. 지금 주변에서 이야기하는 인공지능, 빅데이터, 로봇 등 4차 산업혁명 관련 기술을 생각해볼까요? 과거에 이런 기술들이 있었나요? 독서의 핵심은 지식 습득보다는 '아이들이 새로운 것을 접했을 때 얼마나 빨리 그 지식을 이해하는지'입니다. 이게 바로 독해력입니다. 그런데 우리는 책을 읽는 이유를 주로 지식의 습득 측면에서 찾습니다. 어느 정도 학습능력이 갖춰진 성인에게는 그게 맞습니다. 하지만 아이들은 지금부터 학습능력을 쌓아가고 있는 단계이기 때문에 무리하게 지식을 습득하기 위한 독서를 하기보다는 아이가 관심을 가지는 분야를 중심으로 책을 읽으면서 자연스레 독해력이 향상되도록 해야 합니다.

그러다 보면 아이들이 스스로 책을 읽는 이유를 깨닫게 됩니다. 그 이유를 알게 되면 지식 습득을 위한 독서는 거부감 없이 자연스럽게 진행되는 것이죠. 무리한 선행학습은 아이들의 학습 의욕을 꺾어 공부로부터 멀어지게 합니다. 지식 습득을 위한 독서로 어릴 적부터 아이들의 독서 의욕을 꺾을 이유가 없습니다.

초등 노트 정리, 어떤 능력을 키워야 할까?

아이의 시선에서 '왜'에 대한 고민이 먼저

요즘 아이들은 특별한 꿈 없이 '건물주', '공무원'이 되고 싶다고 말하죠. 이는 무언가를 할 때 '왜 해야 하는가'에 대한 생각이 없기 때문입니다. 책 읽기도 마찬가지입니다. 왜 아이들이 책을 읽어야 하는지를 자연스럽게 알려줘야 합니다. 노트 정리도 마찬가지입니다. 왜 노트 정리를 해야 할까요? 공부 잘하는 친구들이 다 노트 정리를 하기 때문에. 아니면 선생님이 노트 정리하는 게 공부에 도움이 된다고 해서. 노트 정리를 왜 해야 하는지에 대한 근본적인 이유를 알려주는 것이 중요합니다.

학창시절 그렇게 노트 정리를 했음에도 불구하고, 성인이 되어서도 노트 정리를 제대로 하지 못하는 것은 '왜'에 대한 고민이 없어서입니다. 만약 그런 생각을 했다면, 이런 정리하는 습관은 내가 성인이 되어서 직장에서든 집에서든 어떤 일을 처리할 때 생각을 정리하는 데 많은 도움이 될 것이라고 판단할 수 있기 때문입니다.

아이의 독해력을 향상시키고 싶다면, 무작정 책을 읽어보라고 이야기하기 전에 아이의 시선에서 아이가 관심을 가지는 것이 무엇인지 관찰해보고 그와 관련된 책을 구매해주는 것이 좋습니다. 옷에 관심이 많다면 옷과 관련된 그림책이나 옷을 잘 입는 법 등에 관한 책을 선물해주는 것이죠. 그러다 보면 유명 패션 디자이너의 자서전을 읽어볼 수도 있고, 예쁜 옷을 입은 주인공이 나오는 세계 명작에도 자연스레 관심을 가지지 않을까요? 어떤 아이들은 책의 내용보다는 주인공이 입은 옷에만 관심을 가질 수도 있습니다. 하지만 일단은 아이가 독서에 한 발 더 다가갔다는 측면에서 본다면 그것도 나쁘지 않습니다.

주기적으로 서점에 가서 아이가 관심을 가지는 분야의 책을 같이 골라보기도 하고 부모님들도 관심 있는 분야의 책을 구매하는 모습을 보여준다면 책을 읽어야 하는 이유를 굳이 설명할 필요가 없을 것입니다. 아이들이 그 모습에서 책을 읽는 이유를 스스로 깨닫게 되기 때문입니다. 부모님들이 책을 읽지 않는데 아이에게 "책을 읽어야 공부에 도움이 되고 나중에 성공한다."라고 이야기만 하는 것은 별 도움이 되지 않습니다.

3 ◦ 독해력은 독서 환경과
비판적 사고로 완성된다

모든 것이 다 그렇지만 독해력은 모든 학습의 기초입니다. 그런데 이 독해력은 공부뿐만 아니라 일상에서도 필요합니다. 가전제품을 구매해서 사용하려면 제품사용설명서를 읽어봐야 합니다. 그런데 제품사용설명서를 읽고도 어떻게 그 제품을 사용해야 하는지를 모를 수가 있습니다. 물론 요즘 제품들은 알기 쉽게 되어있지만 다양한 기능을 사용해보지 못할 수도 있습니다. 스마트폰도 마찬가지죠. 스마트폰에는 다양한 기능들이 있는데 스마트폰 사용에 관한 내용을 이해하지 못한다면 기본 기능만 사용하게 됩니다.

이 독해력을 향상시키기 위해서는 오랜 시간이 필요합니다. 이제부터 독해력 향상을 위해 문제집을 많이 풀어야지 한다고 해서 독해력이 늘지 않습니다. 또 오늘부터 책을 2~3권씩 읽는다고 해서 몇 달 안에 독해력이 급격히 향상되지도 않죠.

독서 환경 조성이 독서 습관 형성의 지름길

그렇다면 어떤 노력이 필요할까요? 일단은 독서 환경을 조성하여 아이가 자연스럽게 책에 친숙해지도록 만드는 것이 필요합니다. 집에 책이 많은 아이들은 책에 관심을 가질 확률이 높습니다. 또한 부모님이 평소에 책을 읽는 모습을 보여주면 아이들은 자연스레 책에 관심을 가지게 됩니다. 독서 습관을 만들어주는 것이 중요하다고 말하면서도 실제 아이들의 주변에는 책 읽는 습관을 망치는 요소들이 많습니다.

예를 들어, 아이들은 책을 읽고 있는데 부모님은 TV를 보거나 스마트폰 게임을 하고 있다면 아이들은 무슨 생각을 할까요? 책 읽지 말아야겠다고 생각하지 않을까요? 습관을 형성함에 있어 중요한 것은 무조건 목표치를 두고 책을 읽게 하는 것이 아니라 책을 읽지 못하게 만드는, 혹은 책을 꺼리게 만드는 환경이나 요인의 제거입니다. 한 연구에 따르면, 비슷한 육체노동자 가정에서 자랐다고 하더라도 어렸을 적부터 문자에 많이 노출된 아이들은 대학교수가 되고 그렇지 않은 아이들은 육체노동자가 되었다고 합니다.[•]

지금 세상은 너무나 많은 정보들을 쉽게 찾을 수 있고 유튜브 영상을 통해 사람들이 정리해준 핵심만 접할 수 있어 어떤 것이든

• 스티븐 크라센(2013), 조경숙 역, 《크라센의 읽기 혁명》, 르네상스, 57-58.

초등 노트 정리, 어떤 능력을 키워야 할까?

배우기 쉬운 환경입니다. 뭔가를 이렇게 배웠을 때 당장은 내가 나 알게 된 것 같은 기분이 들지만 실제 내가 혼자서 해볼 때는 잘 되지 않는 경우가 많습니다. 아마도 누구나 다 경험해보았을 것입니다. 누군가를 따라해보는 것도 좋은 학습 방법이긴 하지만 이런 지름길은 독해력을 향상시키는 데 걸림돌이 됩니다. 지금의 아이들이 독해력이 떨어지는 근본적인 이유는 영상을 보며 스스로 생각하는 법을 잃어버리기 때문입니다.

유튜브나 TV를 보더라도 뭔가를 생각하면서 본다면 독해력에 지장을 주지는 않습니다. 하지만 아무런 생각 없이 그 정보를 받아들이기 때문에 문제죠. 그래서 책이든 신문이든 무언가를 꾸준히 읽으면서 자신의 생각을 정리해보는 연습이 필요합니다. 한 예로 유튜브에는 노트 필기법에 관련된 많은 영상이 있습니다. 이 영상에는 과목별 필기법 관련된 영상도 있습니다. 국어와 관련해 필기 예시를 보여주며 국어 노트 필기와 관련된 핵심을 다음과 같이 제시합니다.

1. 필기 방향 통일: 글자 위에 쓸지, 아래에 쓸지 정하기
2. 제목은 굵은 글씨
3. 카테고리 나누기

그러면 대부분의 아이들은 스스로 생각해보지 않고 영상으로 보이는 정리된 노트를 보며 '나도 이렇게 필기하면 되겠구나.'라는 생각

을 합니다. 물론 누군가의 도움을 통해 조금 더 빨리 학습을 하는 것도 중요합니다. 하지만 그 이후에는 스스로 생각해보는 연습이 필요합니다. 왜 필기 방향을 통일해야 하는지, 제목은 왜 굵은 글씨로 해야 하는지, 카테고리는 왜 나눠야 하는지 등에 관해서 말이죠. 노트 필기 방법이 맞고 틀림을 떠나 현재 나에게 맞는 노트 필기 방법이 무엇인지에 대한 고민이 필요한데, 그런 고민은 하지 않고 다른 사람들의 방법을 비판 없이 수용하는 것입니다.

독해력은 말 그대로 누군가가 써놓은 글들을 읽어보며 그 내용에 대해 비판적인 사고를 하는 것이 중요한데, 핵심만 알려주는 영상들은 그런 과정을 없애버립니다. 그래서 앞서 말한 것처럼 분명 볼 때는 잘 될 것 같았는데 실제 적용할 때는 나한테 맞지 않는 경우가 발생합니다.

독서량보다 비판적 사고가 중요하다

독해력을 향상시키려면 두 번째로는 비판적 사고가 필요합니다. 비판적 사고는 누군가가 어떤 주장을 하는데, 그 주장이 누가 봐도 합리적인가에 대한 것입니다. 비판적 사고는 책을 읽을 때 매우 중요합니다. 비판적 사고 없이 책을 읽으면 이는 독해력을 높이기 위한 독서가 아닌 지식 습득의 과정이 되어버리기 때문입니다. 독서량보

초등 노트 정리, 어떤 능력을 키워야 할까?

다 더 중요한 것은 독서의 질입니다. 한 권을 읽더라도 자신의 생각을 가지고 책의 내용을 다양한 측면에서 봐야 합니다.

미국의 세인트존스대학교에서는 대학 4년간 100권의 책을 읽고 토론을 합니다. 몇 권의 책을 읽는 게 중요한 것이 아니라 토론을 하는 것이 중요합니다. 이를 통해 독서의 질은 높이고 학생들은 비판적으로 사고하는 연습을 할 수 있습니다.

사실 이런 비판적 사고는 어린 아이들에게서 많이 나타납니다. 아이들의 질문은 대부분 비판적 사고의 과정이죠. 그런데 학교에 입학하면서 아이들의 비판적 사고 역량이 낮아지는 경우가 발생합니다. 학교에서의 활동 대부분이 지식 습득에만 너무 초점을 두기 때문입니다. 그래서 아이들이 책을 읽으면 책을 읽고 나서 책의 내용을 확인하는 질문뿐만 아니라 아이들이 책을 통해 무엇을 느꼈는지를 스스로 생각해보게 하거나 물어보는 것이 좋습니다.

그렇지 않으면 100권, 1000권 읽기 등 양에 집착하는 공부가 됩니다. 물론 100권, 1000권을 읽다 보면 자연스레 독해력이 향상되겠지만 그게 목표 달성을 위한 의무적인 과정으로 된다면 독서는 그 목표 달성 이후에 지속되지 않을 가능성이 높기 때문입니다. 모든 것이 그렇지만 무작정 하는 것은 무언가를 꾸준히 하는 데 도움이 되지 않습니다.

공부의 기초체력, 독해력

이처럼 독해력은 한순간에 만들어지지 않습니다. 어떤 운동을 하더라도 기초체력을 쌓기 위한 단계가 있듯이 공부에서도 그런 단계가 필요하고 그 단계가 독해력입니다. 꾸준한 노력과 사고 과정이 함께 이루어져야 합니다. 그러다 보면 아이는 자연스레 공부를 잘하게 됩니다. 설사 공부를 조금 못하더라도 기초체력이 있어 공부에 흥미만 갖게 된다면 성적 향상은 순식간에 이뤄집니다.

과거 공부를 잘하던 아이가 어느 순간 성적이 하락했다가도 금방 성적을 향상시킬 수 있는 것은 독해력이라는 기초체력이 있기 때문입니다. 독해력이 없이는 어느 순간 성적 향상이 되지 않습니다. 억지로 끌어올릴 수는 있지만 일정 수준 이상으로는 올라오지 않습니다. 그래서 수학만큼이나 국어도 성적이 잘 오르지 않는 경우가 많습니다. 사회처럼 무작정 암기를 한다고 되는 것도 아니기 때문입니다.

그런데 자꾸 독해력을 키우지 않고 좋은 성적을 거두기 위한 공부를 한다면 어떻게 될까요? 다음 실험은 스킬에 집중한 공부가 어떤 문제를 일으킬 수 있는지를 잘 보여줍니다.* 이 실험은 실험 대상자들에게 똑같은 사칙연산 문제를 반복적으로 풀게 했는데요. 이후

---

* 리사 손(2019), 《메타인지 학습법》, 21세기북스, 30-31.

숫자는 그대로 두고 덧셈 문제를 곱셈 문제로 바꿔 덧셈 문제 중간중간에 제시했습니다. 24+35를 제시하다 24×35를 제시한 것이죠. 덧셈 문제와 곱셈 문제 중 어느 쪽이 오답이 많았을까요?

단순하게 생각하면 곱셈 문제를 틀린 사람이 많을 것처럼 보입니다. 하지만 그 결과는 반대였습니다. 왜 그럴까요? 실험자들은 덧셈 문제에 익숙해져 자신이 알고 있던 정보를 바탕으로 문제를 빨리 푸는 데에만 집중했기 때문입니다. 이는 문제를 풀기보다는 정답을 맞추는 방법에만 집중하다 보니 그렇게 된 것이죠. 자신이 제대로 알고 있지 못하는데도 알고 있다고 생각한 것입니다. 사실 이런 경우는 성인에게서 더 많이 발생합니다. 이미 많은 경험과 지식을 가지고 있는 성인들은 자신이 한 번 들어본 것을 다 알고 있다고 생각하기 때문입니다. 그렇기 때문에 진짜 공부 실력을 키우고 싶다면, 독해력에 집중해야 합니다.

낮은 독해력, 어려운 노트 정리

그러면 독해력의 차이가 노트 정리에 어떤 영향을 미치는지 한번 볼까요? 일단 독해력의 가장 기본은 어휘력입니다. 독서를 많이 하지 않는 아이들은 상대적으로 어휘력이 떨어지는데요. 낮은 어휘력은 노트 정리를 힘들게 하는 요소 중의 하나입니다. 사회 4-2 3단원은 '사회 변화와 문화의 다양성'입니다. 이 단원에는 저출산·고령화가 우리 생활에 미친 영향에 관한 주제가 있는데요. 만약 아이의 독해력이 떨어져 저출산, 고령화에 대한 이해가 없다면, 교과서에 제시된 이 주제에 대한 내용을 제대로 정리할 수 있을까요?

교과서에 나오는 '저출산·고령화로 우리 생활 모습은 어떻게 달라지고 있을까요?'에 대한 질문에 답을 제대로 할 수 있을까요? 노트 정리는 일단 내용에 대한 이해가 선행이 되어야 하는데, 자신이 모르는 단어가 있다면 내용을 어떻게 정리해야 할지 혼란스러운 상황이 발생합니다. 영어 공부할 때를 생각해보면 됩니다. 영어 공부를 할 때, 모르는 단어가 많이 나오는 교과서 지문을 보고 주제를 파악할 수 있을까요? 주제와 핵심문장 찾기는 노트 정리의 핵심인데, 이런 경우 당연히 정리할 수 없습니다.

단어만 많이 알고 있다고 해서 노트 정리를 잘하지는 못합니다. 기본 바탕은 만들었지만, 여기에 하나가 더 필요합니다. 바로 글의 맥락을 파악할 수 있는 능력입니다. 초등 저학년 문제지에 이런 문제가 있습니다.

네모, 세모, 동그라미 등 여러 개의 도형을 나열해 놓고 '왼쪽에서 두 번째에 있는 도형은 오른쪽에서 몇째에 있나요'라는 문제인데요. 답은 뭘까요? 여섯째이죠. 왼쪽에서 두 번째에 있는 도형은 사각형인데, 사각형은 오른쪽에서 하나씩 세어보면, 여섯째에 있기 때문입니다.

부모가 봤을 때 이 문제는 크게 어려워 보이지 않습니다. 왜냐하면 아이가 모르는 단어가 하나도 없고 친절하게 왼쪽과 오른쪽도 다 써놨기 때문입니다. 그럼에도 아이들이 많이 틀리는 문제 중의 하나입니다. 그 이유는 바로 전체 문장을 제대로 이해하지 못했기 때문입니다. 아이 관점에서는 모르는 단어는 없지만 이 문장이 도대체 무슨 말을 하는지 잘 모르는 경우가 많은 것이죠. 책을 읽어도 책이 무슨 말을 하고 있는지 모르는 것처럼 말이죠.

이제 교과서의 지문을 보면서 글의 맥락이 왜 중요한지 살펴볼까요? 앞서 말한 사회 교과서의 동일한 단원에는 다음과 같은 지문이 있습니다.

초등학생 수, 매년 줄어들고 있다

새 학기가 시작되었지만 신입생이 없는 학교가 계속 늘어나고 있다. 많은 지역에서 초등학생 수가 지속적으로 감소해 매년 초등학생 수가 줄어들고 있다. 초등학생 수는 앞으로도 계속 감소

할 것으로 예상된다.

출처: 사회 4-2 3단원 '사회 변화와 문화의 다양성'

이 지문에는 '감소' 외에 크게 어려운 단어는 없습니다. 만약 이 지문을 정리한다면, 어떻게 할 수 있을까요? 다음 표에 간단히 정리한 예시가 있습니다.

예시 1	• 신입생 없는 학교 증가 • 지역의 초등학생 수 감소
예시 2	• 지역의 초등학생 수 감소 → 신입생 없는 학교 증가

어떤 예시가 교과서의 지문을 더 잘 설명하고 있다는 생각이 드나요? 대부분 2번이라고 하겠죠. 1번은 교과서의 문장을 줄여놓은 것에 불과합니다. 하지만 2번은 교과서 지문의 맥락을 파악해 원인과 결과 형태로 정리해놨습니다.

독해력이 떨어지는 아이들은 쉬운 글이라도 예시 1처럼 하는 경우가 많습니다. 그러다 보니 지식을 단편적으로 학습하고 조금만 어려운 내용 혹은 긴 글이 나오면 정리를 하는 데 어려움을 겪습니다.

예시 2번처럼 정리를 하다 보면, 저출산에 대한 이해뿐만 아니라 지출신으로 사회 모습이 어떻게 달라지는지도 파악할 수 있습니다. 나아가 스스로 '왜 초등학생 수가 줄어들고 있지? 그 이유가 무엇일까?', '왜 출산율은 낮아지고 있는 것일까?', '저출산이 계속된다면 앞으로 사회는 어떻게 변할까?' 등에 대한 질문도 스스로 해볼 수 있게 됩니다. 그래서 교과서에도 저출산에 관해 다음과 같은 내용을 제시하고 있는 것이죠.

- 출산을 도와주는 병원이 점점 사라지고 학생 수가 줄어드는 학교가 늘어나고 있습니다.
- 가족의 구성원 수가 줄어들고 있으며 가족의 형태가 변하고 있습니다.
- 계속된 저출산으로 일할 사람이 줄어들고 있으며 경제에도 영향을 미치고 있습니다.

출처: 사회 4-2 3단원 '사회 변화와 문화의 다양성'

교과서에 제시된 이 내용을 보면서 정리할 때도 단순히 저출산이 무엇이고 앞으로의 사회 모습이 무엇인지를 정리만 해서는 안 되겠죠. 이 내용을 바탕으로 저출산으로 인해 나타나는 다양한 사회 모습을 서로 연결시켜 생각해보는 것이 중요합니다. 이런 연결이 바로 창의성이죠. 독해력이 뛰어나면 창의력도 따라올 수밖에 없습니다. 기본적으로 글이나 현상에 대한 이해가 없는데, 갑자기 기발한 아이디어가 나오지는 않기 때문입니다.

4 · 틀 밖 사고와
창조하는 공부

중요한 건 틀 밖 사고력

사고력은 '생각하고 헤아리는 힘'입니다. 우리가 알고 있는 위인들은 대부분 사고력이 뛰어났습니다. 뉴턴, 아인슈타인, 레오나르도 다빈치 등은 깊이 있는 생각을 했습니다. 이들은 주변에 일어나는 일에 대해 호기심을 가지고 연구를 하거나 잠이 들기 전 자신이 연구한 것에 대해 깊이 있게 생각하기도 했습니다. 하지만 지금의 아이들은 인스턴트 식품을 먹는 것처럼 학습하려고 합니다. 지식 습득 노력은 줄이고 흡수 능력은 높이려고 합니다. 지식이란 그렇게 과자를 먹는 것처럼 쉬운 게 아닙니다. 특히 다른 사람의 지식은 쉽게 자신의 것으로 만들 수 있는 것도 아니죠.

미국의 명문 고등학교인 토마스 제퍼슨 스쿨에는 OR Outside

Reading이라는 프로그램이 있습니다. 일종의 글쓰기 과제인데요. 이 과제의 핵심은 책을 읽고 끝나는 게 아니라 자신의 생각을 짧게 요약해서 정리하는 것입니다. 이런 꾸준한 글쓰기로 이 학교는 명문 고등학교가 되었습니다. 아이가 스스로 생각하게끔 만드는 것이 얼마나 중요한지 알 수 있죠.

아이들의 학습지나 학원에 '사고력'이 붙은 것들이 제법 됩니다. 사고력이 아이들 학습능력을 키우는 데 중요하다는 이야기겠죠. 노트 정리에 있어 사고력이 중요한 이유는 무엇일까요? 그건 바로 노트 정리가 단순히 알고 있는 내용 혹은 교과서에 있는 내용을 공책에 적는 행위가 아니기 때문입니다. 노트 정리를 하기 위해서는 교과서를 보면서 어떤 내용이 중요하고 중요하지 않은지를 생각해야 합니다. 이를 다시 분류해야 하는데 이때 사고력이 작동됩니다.

우리는 아이들의 사고력이 중요하다고 하면서 자꾸 아이들을 어떤 틀 안에 가두려고 합니다. 주변에서 이런 거 하니까, 저 친구도 저렇게 공부하니까 등의 말을 하면서 말이죠. 그러다 보면 부모들이 원하는 다른 아이들과는 차별화된 우리 아이만이 가지고 있는 재능은 점점 사라지게 됩니다.

지시보다 대화를 통한 학습

아이의 사고력을 키우기 위해서는 '이렇게 해라.'가 아닌 '이렇게 해보는 것은 어떨까?' 식의 대화가 필요합니다. 부모님이 이렇게 말을 해줘야 아이들도 스스로 공부를 할 때 '이렇게 볼 수는 없을까?', '이렇게 생각할 수도 있지 않을까?'라고 혼자 질문을 하며 공부를 할 수 있습니다. 그렇지 않으면 시험문제에 익숙한 아이가 되어버립니다. 어떤 지식을 학습함에 있어 패턴을 아는 것에서 한발 더 나아가 자신만의 패턴을 만들어야 하는데, 그렇지 못하게 되는 것입니다.

사고력을 키우기 위한 올바른 화법
이렇게 해! → 이렇게 해보면 어떨까?

영어책을 읽고 나서 영어 문제를 풀 때 지문의 핵심 내용을 찾는 문제들이 있는데, 아이들은 영어책의 핵심 주제에 대해 더 고민하기보다는 '이런 핵심 내용은 보통 문단의 첫 번째 문장이야.'라고 학습합니다. 과정보다 결과에 집중하는 것이죠. 그래서 지문의 내용에 대해 조금만 깊이 질문을 하면 '모르겠어.'라고 답합니다.

잘못된 접근법
핵심 주제 → 보통 문단의 첫 번째 문장에 있어.

올바른 접근법

핵심 주제 → 전체 내용을 읽어보니까 이런 내용인 것 같아. 그래서 핵심 주제는 이거야.

사실 이미 문제에 익숙해진 성인들은 잘못된 접근법으로 무언가를 공부하는 경향이 많습니다. 오랫동안 '시험'이라는 것에 익숙해졌기 때문입니다. 그래서 대학교에 입학한 후, 사고력을 요하는 공부를 하게 되었을 때 힘들어하는 경우가 많습니다. 단순히 배운 것이 아닌 내가 그 주제에 대해 생각하고 느낀 점을 발표하거나 써야 하기 때문입니다.

공부는 무언가를 창조하는 것

지금 아이들이 얼마나 사고력이 부족한지는 한 검색 포털에 올라오는 질문만 봐도 알 수 있습니다. 아이들은 '○○ 감상문 최대한 길게 써주세요', '독서감상문 써주세요', '○○ 갔다 왔는데, 체험학습 보고서를 어떻게 써야 할까요?' 등 스스로 문제에 대해 생각하고 해결해보려는 힘이 없는 경우가 많습니다. 비단 초·중·고등학생뿐만 아니라 대학생, 성인도 마찬가지입니다. 대학생과 성인도 자신이 써야 할 보고서에 대해 스스로 생각해보지 않고 누군가에게 맡기려고 하죠. 이건 단순히 공부를 못하고 잘하고 문제가 아닙니다.

벤저민 블룸Benjamin Bloom이라는 심리학자는 인지적 영역에서 교육목표를 6단계로 구분했습니다. 처음에는 지식, 이해, 적용, 분석, 종합, 평가였는데, 지금은 기억, 이해, 적용, 분석, 평가, 창조로 수정되었습니다. 이 6단계를 보면, 아이가 어떻게 공부해야 하는지를 알 수 있습니다.

공부의 목표는 자신이 배운 것을 바탕으로 무언가를 창조하는 것입니다. 하지만 대부분의 아이들이 어떤 사실을 기억하거나 개념을 설명하는 수준에 머무릅니다. 이렇게 되면 어떻게 될까요? 초등학교에서는 학습량과 학습 난이도가 높지 않아 기억하고 이해하는

블룸의 교육목표 분류

창조
평가
분석
적용
이해
기억

초등 노트 정리, 어떤 능력을 키워야 할까?

성도만 해도 괜찮을 수 있습니다. 하지만 중학교에 들어가서는 기억과 이해만으로 좋은 결과를 얻기 어렵습니다. 자신이 배운 지식을 새로운 상황에 적용시켜볼 수 있어야 하고 배운 지식을 연결시켜 새로운 것을 만들어낼 줄도 알아야 합니다.

그런 면에서 노트를 정리한다는 생각만으로 접근하면 교육의 최종적인 목표를 달성할 수가 없습니다. 노트 정리는 스스로 학습을 촉진하기도 하지만 쓰면서 자신의 생각을 정리하는 과정이기도 합니다. 정리된 노트를 보며 이렇게 생각해보는 것이죠. 이런 질문들을 하다 보면 공부가 왜 무언가를 창조하는 것인지 알 수 있지 않을까요?

"이 내용을 어떤 측면에서 다시 정리할 수 있을까?"
"기존의 배운 내용과 어떻게 연결시킬 수 있을까?"
"다른 과목에 이 내용을 적용해볼 수는 없을까?"
"이보다 더 효과적으로 정리하는 방법은 없을까?"

5 ∘ 생각의 연결고리를 통해
사고력을 강화시키자

생각의 연결고리를 찾아서

원숭이 엉덩이는 빨개 빨가면 사과

사과는 맛있어 맛있으면 바나나

바나나는 길어 길으면 기차

기차는 빨라 빠르면 비행기

비행기는 높아 높으면 백두산

어렸을 적 누구나 한번은 불렀던 노래입니다. 이 노래에는 아이들의 사고력을 높이는 데 중요한 요소들이 모두 포함되어 있습니다. 많은 분들이 사고력이라고 하면 뭔가 대단한 게 있을 거라 생각하지만 저 노래만 제대로 알아도 아이들의 사고력을 높이는 방법을 알 수 있습니다.

사고력을 높이는 데 가장 중요한 것은 생각의 고리를 만드는 일입니다. '원숭이 엉덩이는 빨개'라고 해서 겉으로 보이는 엉덩이 모습을 보고 사과를 생각했습니다. '기차는 빨라'는 어떨까요? 기차는 빠르다는 속성을 가지고 이야기합니다. 그래서 비행기가 나옵니다. 생각의 고리라는 것은 이렇게 겉으로 보이는 모습을 가지고 이야기할 수도 있지만 속성을 가지고도 이야기할 수 있는 것이죠.

이렇게도 해볼 수 있지 않을까요? 기차는 네모네. 네모하면 빌딩이라고 볼 수도 있겠죠. 또 네모하면 책이라고 할 수도 있겠습니다. 사고력을 키우는 방법은 이런 생각의 연결고리를 끊임없이 찾는 작업입니다. 이런 놀이는 결국 아이의 창의성을 키우는 방법이기도 하죠. 그런데 우리는 무언가 새로운 것을 봐야만 아이의 창의성을 높일 수 있다고 생각합니다. 그러면 당연히 국내외 여행을 많이 가는 친구들이 창의력을 높을 것입니다. 그런데 정말 그럴까요? 그렇지 않죠.

다양한 관점에서의 생각이 창의력의 기본

노트 정리는 다양한 관점에서 생각해볼 수 있는 기회를 만들어줍니다. 그런데 우리는 노트 정리를 생각할 때, 틀에 너무 얽매이는 것

같습니다. 교과서의 내용을 요약해서 정리하는 것이지만 결국은 그 교과서 내용을 어떤 관점에서 보는지가 더 중요합니다.

어떤 아이든 사실 이런 사고력을 가지고 태어납니다. 단지 어른의 눈으로 아이들을 바라보니 아이의 사고력을 놓치는 경우가 많을 뿐입니다. 아이가 어떤 대상을 다르게 바라보면 '특이하네', '이상하네'라고 말하며 아이의 사고력을 무너뜨리게 됩니다. 그래서 한쪽으로 치우친 학습이 되게 만드는 것이죠.

사람들은 창의력이 중요하다고 하면서 창의 수학 같은 것을 이야기합니다. 하지만 정작 창의력이 무엇인지 모르는 경우가 많습니다. 수학 문제를 다른 형태로 내서 아이들의 창의력을 높이는 것도 중요하겠지만 정말 중요한 것은 아이들이 대상을 보는 관점을 전환하게 하는 것이죠.

이 관점의 전환은 아이들의 사고력을 높이는 토대입니다. 예를 들어 하늘에서 내리는 눈을 아이에게 그려보라고 할 때 우리는 동그라미처럼, 혹은 점을 찍듯이 그리라고 아이들에게 이야기합니다. 그런데 우리가 너무나 잘 알고 있듯이 눈은 실제로 보면 동그라미가 아닙니다. 그럼에도 눈을 그리면 항상 점을 찍듯이 그립니다. 무의식적으로 이미 그런 것에 익숙해진 것이죠. 사실 눈도 가루눈, 싸락눈, 진눈깨비, 함박눈 등 다양한데 말이죠. 정말 사고력을 키우고 싶다면 아이들에게 눈이 어떻게 만들어지는지, 눈이 우리 눈에 보이는 모습과 실제 모습이 어떻게 다른지를 보여준다면 어떨까요? 그

초등 노트 정리, 어떤 능력을 키워야 할까?

럼 사고력과 창의력이 뛰어난 아이로 키울 수 있지 않을까요?

생각의 꼬리를 무는 연습을 하자

아이의 사고력을 높이기 위해 끝말잇기 게임이나 비주얼 카드 게임을 해보는 것도 좋은 방법 중의 하나입니다. 비주얼 카드 게임은 그림을 하나 보여주고 생각나는 것들을 말해보게 하는 것이죠. 예를 들어 해변가에 있는 다리 사진을 보여주면 어떤 생각이 날까요?

어떤 아이는 바닷가를 생각할 수도 있고, 또 다른 아이는 동남아로 해외여행 갔을 때의 기억이 떠오를 수도 있습니다. 해변 위로 펼쳐진 푸른 하늘을 보며 비행기를 떠올릴 수도 있고요. 아니면 모래사장을 보며 모래놀이를 말할 수도 있습니다. 동일한 사진이라도 아이들의 생각은 천차만별일 수 있는 것이죠.

이후에는 생각나는 단어들을 가지고 다시 문장을 만들어본다면 어떨까요? 아이들이 한 대상을 가지고 다양한 관점에서 생각해볼 수 있는 기회가 되지 않을까요?

또 한 단어를 주고 이와 관련해서 생각나는 것들을 모두 말해보는 상상력 단어 게임을 해보는 것도 좋습니다. '눈'이라고 하면, 하늘, 눈싸움, 하얀, 겨울 등 생각나는 것들을 모두 말해보게 하는 것이죠. 아이가 어느 한편에 치우친 답만 이야기하면, "'추억' 같은 것도 되지 않을까?"라고 말해볼 수도 있습니다. 또 '과학'은 어떨까요? 아이가 호기심이 많은 친구라면 과학이란 단어도 생각해볼 수 있지 않을까요? 아이가 다양한 관점에서 생각해보게 하여 아이의 사고력을 높여보는 것이죠.

또 다른 방법은 뭐가 있을까요? 오른쪽 사례는 한 아이가 영어 문장을 그림으로 표현한 것인데요. 같은 문장도 아이에 따라 다른 그림이 나올 수 있기 때문에 그림과 글의 결합은 새로운 것을 창조해낼 수 있는 기초가 됩니다. 노트 정리도 논리적으로 사고하는 아이에게는 정형화된 노트 정리가 맞을 수 있지만 감성적으로 사고하는 아이에게는 또 다른 방법이 필요하지 않을까요?

문장을 그림으로 표현한 사례

March 10th

① You should love your friends.

② ~~You sho~~ You should not run in the road

③ You should not put your hands in your pocket.

④ You should not make loud noise.

⑤ You should not say mean words to...

6 ○ 짧게, 짧게, 쓰기 연습

일단 쓰기 연습

요즘 아이들은 글을 많이 쓰지 않습니다. 디지털 네이티브라고 하여 3~4살 때부터 이미 스마트폰, 패드 등에 익숙해져 있죠. 책을 보고 뭔가를 쓰기보다는 스마트폰에 있는 다양한 어플을 눌러보고 콘텐츠를 보는 것에 능숙합니다. 그러다 보니 아이가 글씨를 써 볼 일이 점점 줄어들고 있습니다. 그래서일까요? 요즘은 남녀 할 것 없이 한글을 잘 쓰지 못하는 경우가 너무 많습니다. 연필을 잡아본 적이 없으니 그렇게 될 수밖에 없는 것이죠.

더 큰 문제는 글을 쓰지 않고 다양한 교육 콘텐츠에서 나오는 그림을 보고 한글을 익히는 연습을 하다 보니 생각의 범위가 한정되는 경우도 많다는 것입니다. 지금처럼 온라인 교육이 활성화되고

초등 노트 정리, 어떤 능력을 키워야 할까?

있는 상황에서 아이들은 너 이상 뭔가를 쓰려고 하시 않습니다. 그냥 가만히 앉아서 편하게 들으려고만 합니다. 그러니 스스로 학습하는 습관이 형성되지 않은 아이들은 점점 학습능력이 떨어지고 그 전부터 학습 습관이 형성된 친구들은 점점 더 공부를 잘하게 됩니다. 부의 양극화처럼 학습능력도 양극화되고 있는 게 지금의 현실입니다. 중간 수준에 있는 친구들은 별로 없고 정말 못하거나 정말 잘하는 두 부류로 아이들이 구분되고 있습니다. 지금 아이들의 글쓰기 능력에 대해 한 중학교 선생님은 다음과 같이 말합니다.

"아이들이 의외로 발표를 시키면 많이 부끄러워하지 않고 한두 마디씩이라도 던지는데, 글쓰기를 시켜보면 글쓰기 준비 과정과 글의 구조에 대한 이해가 많이 떨어집니다. 글쓰기 준비과정에 대한 수업을 들은 후에도 개요 작성에서 어려움을 많이 보이며, 특히 처음, 중간, 끝으로 내용을 나누어 써야 한다는 것에 대한 이해가 부족해 글을 너무 빨리 마무리하거나 글을 시작하지 못해 어려워하는 친구들이 있습니다."

어떤가요? 이처럼 글쓰기 자체에 대한 훈련이 너무 안 되어있는 게 현실입니다. 그런데 노트 정리는 일단 뭔가를 써야 하는 활동입니다. 글씨가 삐뚤빼뚤하는 것을 넘어서 일단 쓰는 능력이 없으면 노트 필기는 지속될 수 없습니다.

물론 노트 정리를 잘하기 위해서는 지금까지 이야기한 독해력, 사고력이라는 기반이 있어야 하지만 어찌 되었든 쓰는 것이 일상이 되어야 합니다. 온라인 학습 때도 마찬가지입니다. 온라인으로 수업을 들어도 그날 선생님이 말씀하신 것을 똑같이 써보거나 핵심 단어라도 적어보는 것이 중요합니다. 얼마나 많이 쓰냐보다는 얼마나 오랫동안 글쓰기 활동을 해보느냐가 핵심입니다. 뭐든 습관이 형성되지 않으면 능력을 향상시키는 것은 힘들기 때문입니다.

짧게 짧게 생각을 표현하는 글쓰기

아이들 중에 생각은 깊은데 이를 잘 표현하지 못하는 아이도 있습니다. 정말 생각이 많아서일 수도 있고 내성적인 성격이어서 그럴 수도 있죠. 그럴 때는 일단 써보게 하는 것입니다. 아이의 머릿속에 있는 것을 예쁘게 정리할 필요 없이 공책이나 종이에 무조건 생각나는 대로 써보게 해야 합니다. 지식이 머릿속에만 있다면 그 지식은 죽은 지식입니다. 살아있는 지식으로 만들기 위해서는 머릿속에서 나와야 합니다. 인간은 사회적 동물이라는 것을 누구나 알고 있습니다. 그래서 사람들은 누군가와 이야기를 하면서 살아갑니다. 이야기를 한다는 것은 내 생각을 표현할 수 있다는 것을 말합니다. 내 생각을 표현하지 못한다면 사람 간의 관계에서 어려움을 겪을 수밖에 없습니다.

그래서 초등 저학년 때는 다양한 단어, 그리고 한 문장 혹은 세 문장 정도를 스스로 써보게 하는 연습이 필요합니다. 베껴 쓰기에서 말했던 것처럼 독서를 한 뒤 생각나는 단어를 써보게 하는 것입니다. 어느 정도 학습 역량이 쌓이면 한 문장을, 더 나아가 두 문장, 세 문장을 써보게 할 수 있겠죠. 성인도 요즘은 자신의 생각을 글로 표현하는 것을 어려워합니다. 아이들은 더 어려울 수밖에 없습니다. 그래서 단계적 학습이 필요합니다.

저는 아이에게 가끔 아이의 생각을 확장시켜줄 수 있는 책들을 사주는데요. 안녕달 작가의 《수박 수영장》, 백희나 작가의 《달 샤베트》 같은 그림책을 사줍니다. 이런 책을 읽고 혹은 읽어주고 아이에게 생각나는 단어를 써보라고 하는 것이죠. 예를 들어 《수박 수영장》 같은 경우에는 아이가 당연히 수박, 수영장이란 단어를 씁니다. 그리고 한 문장을 만들어보게 하는 것입니다. 그러면 이런 문장이 만들어질 수 있지 않을까요?

'수박은 수영장이야.'
'나도 수박 수영장 가고 싶어.'
'수박 수영장은 정말 맛있겠다.'

문장의 내용을 떠나 한 문장을 만들었다는 성취감을 아이에게

심어주는 것이 중요합니다. 아이들은 자신이 짧은 글이라도 썼다는 것에 대해 큰 성취감을 느낍니다. 만약 초등 고학년이라고 하면 또 다른 관점에서 생각해볼 수도 있겠죠?

'왜 수박이 수영장이 되었을까?'
'수박하고 수영장은 어떤 점이 같을까?'

이건 앞서 말했던 '원숭이 엉덩이는 빨개'라는 끝말잇기 노래와 같습니다. '수박은 커, 크면 수영장'처럼 말이죠. 어떤가요? 우리는 억지로 아이들에게 문장을 만들게 할 필요가 없습니다. 그냥 아이의 생각 범위에서 나오는 단어들을 가지고 아무렇게나 하나의 문장을 만들어보면 됩니다. 아이에게 끊임없는 질문을 해서 말이죠. 중요한 건 아이의 머릿속에 있는 생각들을 꺼내는 훈련의 지속입니다. 그게 논리적으로 맞지 않더라도 말이죠. 논리야 공부를 하다 보면 자연스레 습득할 수 있기 때문입니다.

7 · 의식적으로 다양한 표현을 사용해보기

계절이 달라지듯 표현도 다르게

글을 꾸준히 쓰는 습관이 형성되었다면, 그다음은 무엇이 필요할까요? 바로 똑같은 내용도 다른 단어로 바꿔보는 연습이 필요합니다. 말을 잘하는 사람들이 같은 말을 해도 표현을 바꾸는 것처럼 말입니다. 글은 살아있는 생명체입니다. 같은 대상을 보고도 사람마다 표현하는 방법이 다릅니다. 사람뿐만 아니라 상황에 따라서도 글은 또 달라지기 마련이죠. 어렸을 적부터 아이들이 다양한 단어를 활용하여 글을 써보는 경험을 하게 해주는 것은 매우 중요합니다. 우리가 획일적 교육에 대해 비판하듯 글도 마찬가지입니다.

아이들이 항상 쓰는 말만 쓰면 표현의 다양성도 사라지지만 무엇보다 그 틀에 얽매이게 됩니다. 우물 안 개구리가 되는 것이죠. 글이 살아있는 생명체라고 말씀드렸듯이 환경에 따라 글의 표현도 달라질 수밖에 없습니다. 계절에 따라 나뭇잎의 색깔이 달라지고 나무의 모습이 달라지는 것처럼 말이죠. 만약 집 앞의 나무를 여름에 봤을 때와 겨울에 봤을 때, 똑같은 단어로 표현될까요? 그렇지 않을 겁니다. 사람도 마찬가지죠. 첫 만남 때 본 사람의 모습과 오랫동안 꾸준히 본 사람의 모습을 설명한다면 달라질 수밖에 없겠죠.

그래서 항상 다양한 단어를 활용해 글을 쓰는 연습이 필요합니다. 노트 정리도 마찬가지죠. 선생님이 칠판에 적어주는 내용을 노트에 그대로 옮기는 건 기본이지만, 그렇다고 그것을 자신의 말로 바꾸는 연습을 하지 않는다면 어떻게 될까요? 분명 노트 정리를 한 건 맞지만 자신의 생각에 기초해 내용을 정리하지 않아 공부를 할 때 잘 와닿지 않을 수 있습니다. 설사 잘 와닿는다고 하더라도 사회 과목 같은 암기 과목을 공부할 때 잠깐 떠오르지 않는 내용을 떠올릴 힌트를 생각하기 어려운 경우가 발생합니다.

우리가 어떤 일을 할 때 남을 모방하는 것은 나쁜 일은 아닙니다. 하지만 그건 처음에만 그렇습니다. 시간이 지나도 자신만의 방법을 찾지 못한다면 어떻게 될까요? 그 일에 대한 실력이 늘까요? 우리가 흔히 고수라고 말하는 사람은 자신만의 방법이 있습니다. 똑같은 서울대생이라고 해도 공부법이 동일하지 않듯 노트 정리법도 마찬가지입니다. 재차 강조하지만 이야기하면 선생님이 칠판에 적어주신 혹은 말씀해주신 사항을 그대로 적은 행위만으로는 학습능력을 향상시키기 어렵습니다.

유의어와 반의어를 찾아보자

그러면 어떻게 글을 다양한 형태로 쓸 수 있을까요? 가장 좋은 방법 중 하나는 유의어와 반의어 찾기입니다. '예쁘다'를 볼까요? 예쁘다의 유의어는 예쁘장하다, 예쁘장스럽다, 곱다, 아리땁다, 반반하다, 꽃답다, 사랑스럽다, 귀엽다 등이 있습니다. 반의어는 추하다, 밉다 등이 있습니다. 과거에는 국어사전을 통해 이런 내용을 학습했지만 지금은 검색 포털에 들어가 단어를 검색하면 유의어와 반의어를 쉽게 찾아볼 수 있습니다. 이렇게 유의어와 반의어를 계속해서 찾아보며 새로운 단어를 익히는 것이죠.

이뿐인가요? 표현력을 더 높이고 싶다면, 속담이나 관용구를 더 찾아볼 수도 있습니다. 예를 들어 예쁘다와 관련된 속담으로는 '예쁜 자식 매로 키운다'가 있습니다. 또 예문을 통해서도 표현력을 향상시킬 수도 있죠.

1. 너는 웃는 것이 예쁘다.
2. 하는 짓이 예쁘다.
3. 말을 잘 들어서 참 예쁘구나.

첫 번째 문장의 예쁘다는 '생긴 모양이 아름다워 눈으로 보기에 좋다'라는 뜻을 담고 있습니다. 두 번째는 어떤가요? '행동이나 동작이 보기에 사랑스럽거나 귀엽다'라는 뜻입니다. 세 번째는 '아이가 말을 잘 듣거나 행동이 발라서 흐뭇하다'는 뜻입니다. 이런 예문을 통해 아이는 어떤 상황에서 예쁘다가 사용되는지 쉽게 알 수 있습니다. 표현력은 자신이 사용해보지 않으면 늘지 않습니다. 그래서 단어와 관련된 내용을 찾아보면서 실제 써보는 것이 중요합니다.

마지막으로 비유하는 표현이 많은 시를 읽어보는 것도 좋은 방법입니다. 국어 6-1(가) 1단원 '비유하는 표현'에 심후섭 시인이 쓴 〈봄비〉*라는 시가 있습니다. 다음은 시의 일부인데요.

해님만큼이나
큰 은혜로
내리는 교향악

이 세상
모든 것이 다

* 심후섭(2011), 《내 마음의 동시 6학년》, 계림북스.

악기가 된다

달빛 내리던 지붕은
두둑 두드둑
큰 북이 되고

출처: 국어 6-1(가) 1단원 '비유하는 표현'

이 시를 보면, 봄비를 교향악으로 표현하고 있죠. 또 봄비를 맞고 있는 지붕은 큰 북으로 표현하고 있습니다. 이런 시를 읽다 보면 자연스레 어떤 대상에 대해 다양한 관점으로 표현하는 방법을 익힐 수가 있습니다.

8 ∘ 글에 그림을 더한
창의적 노트

글자보다 강력한 그림

그림은 글보다 강력하게 메시지를 전달할 수 있는 힘을 가지고 있습니다. 아래의 그림은 한 아이가 자신의 노트에 그린 그림인데요. 그림을 보면 어떤 느낌이 드나요? 정말 공부를 열심히 하고 있다는 생각이 들지 않나요? 노트 정리할 때 그림이 필요한 이유이기도 합니다. 역사 만화가 많은 이유도 글로만 배우면 너무 지루하게 느껴질 수 있기

때문에 아이들이 역사에 조금 더 관심을 가질 수 있게 돕기 위한 것이 아닐까요?

<A민문화> ① 한국소설
- 홍길동전, 심청전, 흥부전, 춘향전, 장화홍련전 등등
② 풍속화
- 당시 사람들의 생활 모습을 담고 있는 그림
- 전기의 대표적 풍속화가: 김홍도, 신윤복
③ 탈놀이
- 탈을 쓰고 하는 연극이나 춤
- 주로 명절에 사람들이 많이 모이는 곳에서 공연
④ 판소리
- 긴 이야기를 노래로 들려 주는 공연
- 즉흥적으로 내용을 빼거나 더할 수 있고 관객도 함께 참여

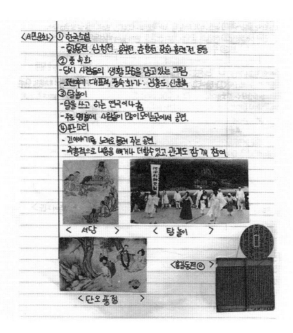

< 서당 >　　< 탈놀이 >

< 김홍도◎>

< 단오풍정 >

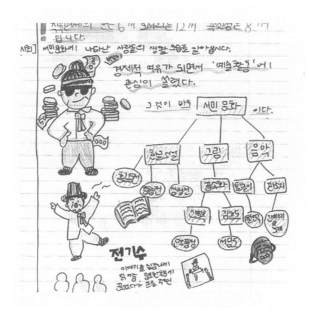

논리적 정리 VS 감성적 표현

실제로 이렇게 글과 그림으로 된 노트(95페이지 참조)를 한번 볼까요? 앞 사례는 사회 5-2 2단원의 서민 문화에 대한 내용을 노트 정리한 내용입니다. 내용을 잘 정리했는지의 여부를 떠나 어떤 쪽이 더 흥미롭게 와닿나요? 대부분 아래쪽 노트라고 답합니다. 이유는 아래쪽 노트가 그림 때문에 눈에 더 띄기 때문입니다. 사실 내용 정리 자체는 큰 차이가 없는데도 말이죠.

이처럼 노트 정리에 있어서 글자만 있는 것보다 그림이 있으면 흥미를 가지고 볼 수 있습니다. 생각을 떠올릴 때도 더 효과적입니다. 다른 사례를 볼까요? 사회 5-2 1단원에 나오는 병자호란 당시 조선의 상황을 그림으로 표현한 노트입니다.

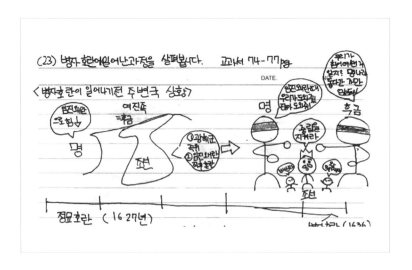

초등 노트 정리, 어떤 능력을 키워야 할까?

그림만 보더라도 당시 조선 주변국의 상황, 조선이 명과 후금 사이에서 처한 상황 등을 바로 이해할 수가 있습니다. 교과서에는 이와 관련해 다음과 같이 나와 있습니다.

"광해군은 세력이 약해진 명과 새롭게 강대국으로 성장하는 후금 사이에서 신중한 중립 외교를 펼치며 전쟁에 휘말리지 않으려고 했다."

그런데 만약 이 내용을 교과서의 글로만 이해했다면 어땠을까요? 조금 지루하지 않았을까요? 만약 중립 외교와 관련한 내용을 떠올린다고 하면 글과 그림 중 어떤 게 더 쉽게 떠오를까요? 당연히 그림이겠죠.

그림을 활용한 창의적 노트 정리

이렇게 그림으로 표현하다 보면, 창의적으로 노트를 정리할 수도 있습니다. 다음 사례(98페이지 참조)는 국어 5-1(나) '기행문을 써요'의 내용 일부를 정리한 것입니다. 기차가 바로 눈에 띄죠?

보통 이런 내용을 정리한다면 다음 노트 사례와 같이 목차를 잡고 정리할 수 있죠. 그런데 이 노트는 기행문이 여행에 관한 것이기

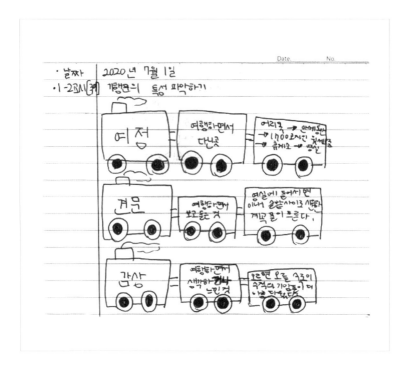

때문에 여행하면 떠오르는 기차를 가지고 표현을 했습니다. 뿐만 아니라 논리적인 측면에서도 구성 요소, 개념 설명, 예시 순으로 정리가 되어있는 것을 볼 수 있습니다. 이처럼 그림으로 표현한다면 재미없는 내용도 재미있게 표현할 수 있고, 이해하기도 쉽습니다. 물론 아무렇게나 그림을 그리는 것은 아니겠죠. 그림을 그리더라도 글의 내용이나 구조에 대한 이해가 되어야 위와 같이 정리가 될 수 있습니다.

1) 기행문에 들어가야 할 내용

   - 여정, 견문, 감상

2) 각 요소별 내용

   - 여정: 여행하면서 다닌 곳

     어리옥 → 만세동산 → 1700고지인 윗세오름 → 휴

     게소 → 영실

   - 견문: 여행을 하면서 보고 들은 것

     영실에 들어서면 이내 손발 사이로 시원한 계곡물이

     흐른다.

   - 감상: 여행하면서 생각하거나 느낀 것

     오르면 오를수록 이 수직의 기암들이 더 아름다웠다.

공부가
쉬워지는
노트 정리 원리

1 ∘ 생각의 물꼬를
트는 방법, 질문

질문은 학습 동기를 만들어준다

암스테르담 국립미술관은 렘브란트 Rembrandt Harmenszoon van Rijn 의
그림 〈야경〉을 복원했는데, 관람객들이 그림 감상에 조금 더 많은
시간을 쏟도록 하고 싶었습니다.˙ 많은 비용을 들여 그림을 복원해
서 관람객들이 많이 왔으면 하는 바람이 있었기 때문입니다. 미술
관은 어떻게 했을까요?

미술관 측은 관람객들에게 그 그림을 보고 궁금한 사항을 적어
달라고 했고 그 질문을 추려 그림 옆에 질문과 답변을 꽂아놓았습
니다. 결과는 어땠을까요? 평균 관람 시간이 30분 늘었다고 합니다.

˙ 로드 주드킨스(2018), 마도경 역, 《천재들의 창의력》, 새로운제안, 75–76.

질문을 통해 사람들이 그 그림에 대해 제대로 생각하게끔 만든 것이죠.

사람들이 전시회에서 1분 넘게 그림 하나를 감상하는 경우는 드뭅니다. 그림이 독특하다, 잘 그렸다 정도를 생각하고 바로 다음 그림으로 넘어가죠. 조금 더 자세히 본다면 그림 옆에 있는 설명을 보는데 이를 보더라도 대부분 1분 이상 걸리지는 않죠.

앞의 사례에서처럼 질문은 제대로 된 학습을 하게 해주는 동기가 됩니다. 아이들의 학습에서도 마찬가지입니다. 질문은 더할 나위 없이 중요하죠. 아이가 학습을 제대로 했는가의 여부는 질문을 통해 알 수가 있습니다. 질문이 없다면, 제대로 학습 내용을 이해하지 못했을 가능성이 높습니다.

그래서 천재들의 사고법이나 공부법에서 '질문'을 강조하는 것이기도 합니다. 프랑스의 사상가 볼테르^{Voltaire}는 "누군가를 판단할 때 그 사람의 답변보다는 질문에 주목하라."라고 말했습니다. 부모가 질문을 통해 아이들의 학습을 돕는 것도 중요하지만 더 중요한 것은 아이가 스스로 질문하게끔 하는 것입니다.

전형적인 한국식 교육에서 질문은 항상 후순위입니다. 과정보다 결과에 집착하다 보니 질문이 중요하게 여겨지지 않죠. 유대인의 하브루타 학습법은 많이 이야기되지만 정작 실제 공부에서 활용되는 않습니다.

노트 정리를 할 때도 마찬가지입니다. 노트 정리는 교과서의 내용을 정리하는 것을 넘어 아이들이 그 내용을 스스로 이해하고 또 다른 생각을 끌어낼 수 있도록 돕는 것이 목적입니다. 단순히 노트 필기만 잘하는 아이도 생각을 잘 정리하는 아이가 될 수는 있습니다. 하지만 상위 1%의 뛰어난 아이가 되기는 쉽지 않습니다. 사실 초·중·고등학교 시절에는 정리만 잘하더라도 중위권 이상의 성적을 유지할 수 있습니다. 그런데 이건 결과에만 집중하는 일이죠.

생각을 확장해주는 질문

아이들에게 중요한 건 아이가 성인이 되어서도 스스로 생각하고 학습하는 법입니다. 그런 면에서 노트 정리도 효과적 암기뿐만 아니라 아이의 생각 확장 측면에서 봐야 합니다. 아이가 학습 내용을 자신만의 생각으로 어떻게 노트를 정리했는지가 핵심입니다.

단순 암기를 위한 노트 정리는 기본 학습을 탄탄하게 하지만 응용 학습에서는 어려움을 겪을 수 있기 때문입니다. 이미 국내외에서 많이 사용되는 노트 필기법 중 하나인 코넬식 노트법에서도 질문은 중요합니다. 좌측에 핵심 단어를 적고 우측에 세부 내용을 적는 코넬식 노트법에서 핵심 단어를 질문으로 바꾸면 아이들의 생각을 더 확장시킬 수 있습니다. 질문이 중요한 이유는 바로 이것입니다.

예를 들어, 사회 5-1에는 '인권'에 관한 이야기가 나오는데 인권을 다음과 같이 정의하고 있습니다.

"모든 사람은 태어나면서부터 인간답게 살 권리가 있으며, 어떤 이유로도 인간답게 살 권리를 침해당해서는 안된다. 이처럼 사람이기 때문에 당연히 누리는 권리를 인권이라고 한다."

효과적 암기를 위해 이런 정의를 핵심 내용만 추려서 다음과 같이 정리할 수 있습니다.

개념	세부 내용
인권	사람이기 때문에 당연히 누리는 권리

우리는 항상 창의적 학습을 해야 한다고 말합니다. 하지만 단순히 개념과 세부 내용을 위와 같이 정리하는 것은 아이들의 생각을 한정시킵니다. 아이는 '인권=사람이기 때문에 당연히 누리는 권리'라고 공부를 위한 공부를 합니다. 즉 아이가 '인권'이란 한 단어에만 집중하게 되는 것이죠. 아이는 정리된 내용 그 이상을 생각하려고 하지 않습니다. 아이 스스로 질문을 통해 인권에 대해 생각하게 해본다면 어떨까요?

"인권은 무엇일까?"

"인권이 왜 중요할까?"

"주변에 인권이 존중되는 모습은 무엇이 있을까?"

"인권과 관련된 단어는 무엇이 있을까?"

이미 교과서는 아이들이 인권에 대해 스스로 생각하고 질문하게끔 내용이 구성되어 있습니다. 2단원 '인권 존중과 정의로운 사회'의 '인권을 존중하는 삶'의 소단원에는 생활 속에서 인권이 존중되는 모습을 설명해주고 있습니다. 또 인권 하면 떠오르는 단어들을 정리해볼 수 있도록 하고 있죠. 이런 내용들은 모두 아이가 인권을 공부할 때, 인권을 '사람이기 때문에 당연히 누리는 권리'라는 글자로 이해하는 것이 아니라 인권이 존중되는 모습이 실제로 어떤 모습인지를 생각해볼 수 있게끔 합니다.

아이들에게 '인권'에 대해 질문을 했을 때, 인권을 글자로만 이해했더라도 암기한 내용을 잘 말할 수는 있습니다. 하지만 여기서 한 발 더 나아가 인권을 조금 더 구체적으로 설명해보라고 하면 설명하지 못하는 경우가 많습니다. 성인도 그렇죠. 공부를 위한 공부로 접근한 지식들은 기계적으로 머릿속에서 끄집어낼 수 있지만 이를 잘 설명하지 못합니다. 예를 들어 '변화'에 대해서 말해볼까요?

국어사전에서는 변화를 '사물의 성질, 모양, 상태 따위가 바뀌어 달라짐'이라고 정의합니다. 이를 기계적으로 외웠다면 누군가가 조금 더 구체적으로 설명해달라고 하면 어떨까요? 잘 설명할 수 있을까요? 생각보다 쉽지 않습니다. 대개 "음... 이런 대상들이 이렇게 변하는 것을 말하는 거야."라는 식으로 말을 합니다. 말 그대로 동일한 말을 반복하게 되는 것이죠.

만약 스스로 변화에 대해 질문해보고 생각해봤다면, "단순하게 나이가 들어가는 것, 날씨가 갑자기 바뀌는 것도 변화라고 할 수 있어."라고 말할 수 있어야 합니다. 이런 것만 있을까요? "사람의 성격이 소극적이었다가 갑자기 적극적으로 바뀐 것도 변화라고 할 수 있어."라고 설명할 수도 있겠죠.

A = B 보다 A는 왜 B일까?

평소 알고 있는 개념도 사실 설명하기 어려운 경우가 많습니다. 그건 자꾸 'A = B'라는 사고방식에 얽매이기 때문입니다. 공부도 결국 우리가 일상을 조금 더 유익하게 보낼 수 있는 토대인데, 이를 생각하지 않고 눈앞의 지식에만 몰두하면 안 되겠죠. 인권을 글자로만 배운다면, 일상에서 인권을 존중하는 모습을 보이지 않을 수가 있습니다. 인권이라는 것이 정확히 어떻게 우리의 생활에서 존중되는지 모르기 때문입니다.

그래서 교과서에는 소단원인 인권을 존중하는 삶의 학습 내용으로 "인권이란 무엇이며 왜 중요할까요?"라고 제시하고 있습니다. 즉 아이가 인권을 배웠다면 아이에게 이 질문을 통해 아이가 정말 인권에 대해 제대로 이해하고 있는지 확인할 수가 있습니다.

교과서의 내용을 제대로 이해했다면, 생활 속 인권에 대해 설명을 하면서 인권의 개념을 말을 할 수가 있는 것이죠. '인권=사람이기 때문에 당연히 누리는 권리'라는 내용 자체보다 실제로 인권이란 것이 아이의 머릿속에 생생하게 그려져야 제대로 된 공부라고 할 수 있습니다.

질문은 아이로 하여금 생각의 물꼬를 트게 하고 아이가 상상하게 만들어줍니다. 이는 아이의 사고를 확장시켜 창의력을 높여줍니다. 질문은 추상적인 개념을 아이가 실제 눈으로 보게끔 만들어주는 역할을 합니다. 머릿속 이미지는 아이가 그 개념을 언제 어디서나 활용할 수 있게 해주죠. 단순히 단어, 숫자, 기호로 무언가를 학습하기보다는 질문을 통해 상상하게끔 만드는 일이 왜 중요한지 알수 있습니다.

지금 아이들의 공부나 노트 정리법은 앞서 이야기했듯이 A=B라는 직선적인 사고 방식을 갖게 만듭니다. 그런데 세상의 변화를 만들어내는 창의적인 사람들은 A=B가 아니라 A는 또 어떤 것일까? A가 꼭 B일까?라는 생각을 했습니다. 이런 면에서 이제는 노트 정리를 단순히 지식을 축적하기 위한 효과적인 방법보다는 더 나은 생각을 하기 위한 토대라고 생각해보면 어떨까요?

2 。학습 효과를 높이는
5가지 질문 유형

질문이 중요하다고 말했는데요. 어떤 질문을 해야 할까요? 또 어떻게 질문을 만들어볼 수 있을까요? 아이가 다양한 측면에서 공부할 수 있게 해주는 질문은 크게 5가지 유형으로 나눌 수 있습니다.

질문 유형 ① 구체화 질문

첫 번째는 구체화 질문입니다. 배운 내용에 대해 조금 더 깊이 있는 생각을 해보게 하는 질문으로 육하원칙에 기반합니다. 즉 Who(누가), When(언제), Where(어디서), What(무엇을), Why(왜), How(어떻게)와 관련된 질문을 해보는 것입니다. 사회 3-2에는 세시풍속이 나오는데, 이 세시풍속 중 설날에 대해 구체화 질문을 던져봅시다.

- ✓ Who : 설날에는 누구를 만나야 할까?

- ✓ When : 설날은 언제일까?

- ✓ Where : 설날에는 어디를 갈까?

- ✓ What : 설날에는 무엇을 할까?

- ✓ Why : 왜 설날에는 떡국을 먹을까?

- ✓ How : 설날에 세배는 어떻게 해야 할까?

이런 질문을 하다 보면 교과서에서 배운 내용을 완전히 자신의 것으로 만들 수 있지 않을까요? 이 질문에 답하다 보면 설날에 대해서는 누구보다 더 자세히 알 수 있게 될 것입니다. 꼭 6개의 질문을 다 던져볼 필요는 없습니다. 가능한 질문만 해도 됩니다. 이런 구체화 질문은 아이가 독서록이나 일기를 쓸 때도 활용 가능하니 적용해보면 더 좋겠죠.

질문 유형 ② 비교 질문

두 번째는 비교 질문입니다. 수업 시간에 배운 다양한 개념에 대해 공통점과 차이점을 찾아보는 것입니다. 예를 들어 과학 4-2에는 식물의 생활과 관련해 강이나 연못에 사는 4가지 유형의 식물이 나옵니다. 물속에 잠겨서 사는 식물, 물에 떠서 사는 식물, 잎이 물에 떠

있는 식물, 잎이 물 위로 높이 자라는 식물. 이 4가지 식물 유형에 대해 스스로 질문을 해보는 것이죠.

- ✓ 이 4가지 식물 유형의 공통점은 무엇일까?
- ✓ 이 4가지 식물 유형의 차이점은 무엇일까?

혹은 이 4가지 유형을 다시 분류하여 물속에 잠겨서 사는 식물과 나머지 식물 간의 차이점과 공통점에 대해서도 질문해볼 수가 있겠죠? 아니면 물에 떠서 사는 식물과 그렇지 않은 식물 간의 비교도 가능하지 않을까요? 첫 번째 구체화 질문이 하나의 개념에 대해 집중적으로 살펴봤다면, 비교 질문은 폭을 넓혀 다른 개념과 같이 생각해볼 수 있게 합니다.

질문 유형 ③ 가정 질문

세 번째는 가정 질문입니다. '만약 ~한다면, 어떻게 될까?'라는 질문이죠. 지금은 알 수 없지만 이런 상황이 발생한다면 어떤 변화가 일어날지 상상해보는 것이죠. 국어 5-1(가)에도 서로 공감하며 대화하기와 관련하여 '만약에' 질문이 나오기도 합니다.

"만약에 자신이 학교에서 동생들이 다투는 모습을 보았다면 어떻게 행동했을까요?"

어떻게 질문을 하는지 사회 5-1에 나오는 우리나라의 기후 내용을 가지고 말해볼까요? 우리나라는 사계절이 있는데 이 사계절과 관련해 어떤 가정 질문을 던져볼 수 있을까요?

✔ 만약 우리나라에 사계절이 사라진다면 어떻게 될까?
✔ 만약 우리나라가 사계절이 없고 여름만 있다면 사람들의 삶은 어떻게 바뀔까?

과학 공부를 할 때도 이런 가정 질문을 던진다면 공부에 더 도움이 되겠죠. 과학 6-2에 '우리 몸은 노폐물을 어떻게 내보낼까요?'라는 내용이 있는데, 이와 관련해 다음 질문을 던져볼 수 있지 않을까요?

✔ 만약 몸의 노폐물을 몸 밖으로 내보내지 못한다면 어떻게 될까?

가정 질문은 성인 교육에서도 문제 해결이나 창의력 향상을 위해 많이 사용되는 질문입니다. 아이들의 창의력을 키워주고 싶다면,

아이들이 항상 다른 관점으로 생각할 수 있도록 가정 질문을 활용하면 좋습니다.

질문 유형 ④ 역할 질문

네 번째는 역할 질문입니다. 역할 질문은 다른 사람의 관점에서 생각해주는 질문입니다. 사회 5-2의 임진왜란과 관련해 다음과 같은 난중일기 내용이 나옵니다.

대장선이 홀로 적선 속으로 들어가 포탄과 화살을 비바람 같이 쏘아 댔지만 여러 배들은 바라만 보고서 진군하지 않았다. 배 위에 있는 군사들은 서로 돌아보며 놀라 얼굴빛이 질려 있었다. 나는 군사들을 부드럽게 타이르면서 "적이 비록 천 척일지라도 감히 우리 배에는 곧바로 덤벼들지 못할 것이니, 조금도 동요하지 말고 힘을 다해 적을 공격해라."라고 말했다.

이와 관련해 다음과 같이 역할 질문을 던져볼 수 있습니다.

"내가 이순신이라면, 이 상황에서 군사들에게 어떤 말을 했을까?"
"내가 이순신이라면, 무엇을 해서 이 상황을 극복할 수 있을까?"

국어 5-1(나)에는 반달가슴곰, 산양, 짐박이물범 등 우리나라의 멸종 위기 동물에 관한 글이 나옵니다. 이때도 역할 질문을 던져볼 수 있습니다.

✔ 내가 반달가슴곰이라면, 환경을 파괴하는 사람들의 행동에 대해 어떤 생각을 할까?

이런 역할 질문은 아이가 어떤 대상에 몰입하게 하고 그러다 보면 공부를 역할놀이처럼 재미있는 게임으로 생각하게 도와주지 않을까요?

질문 유형 ⑤ 오감 질문

다섯 번째는 오감 질문입니다. 오감 질문은 본 것, 들은 것, 냄새 맡은 것, 맛본 것, 느낀 것에 대한 질문입니다. 이 질문은 어디에 활용할 수 있을까요? 사회 4-1 1단원과 2단원에는 우리 지역의 위치, 문화유산, 역사적 인물 등 지역과 관련된 다양한 내용이 나오는데요. 어떻게 오감 질문을 만들 수 있을까요?

1) 우리 지역에서 볼 수 있는 문화유산은 무엇이 있을까?

2) 우리 지역과 관련해 다른 사람들한테 들은 흥미로운 이야기는 무엇일까?

3) 우리 지역 빵집에서는 빵을 구울 때 어떤 냄새가 날까?

4) 우리 지역 식당에서 맛본 것들은 무엇이 있을까?

5) 우리 지역의 문화유산을 보면서 나는 어떤 점을 느꼈나?

교과서에 있는 내용을 학습한 후, 이처럼 오감 질문을 던져보면 우리 지역에 대해 더 자세히 알 수 있지 않을까요? 국어 5-1(나) 7단원 '기행문을 써요'에서는 오감 질문이 더 잘 맞겠죠? 이 단원에서는 기행문의 들어가야 할 내용으로 여정(다닌 곳), 견문(보고 들은 것), 감상(생각하거나 느낀 것)에 대한 내용이 나오는데 이 내용은 결국 오감 질문과 맥락을 같이 하기 때문입니다.

기행문 내용	오감 질문
여정	• 여행을 다니면서 맛본 것은 무엇이 있을까? • 내가 여행한 곳은 어떤 냄새가 났을까?
견문	• 여행을 하면서 내가 본 것은 무엇이 있을까? • 여행을 하면서 내가 들은 것은 무엇이 있을까?
감상	• 여행을 하면서 나는 어떤 것을 느꼈나?

이처럼 오감 질문은 공부 내용을 흥미롭게 만들어주기 때문에 딱딱한 공부를 하는 데 있어 매우 유용합니다.

질문 유형 ⑥ 적용 질문

마지막으로 적용 질문입니다. 적용 질문은 한 교과의 학습 내용을 다른 교과나 일상 생활과 연관지어 생각해보는 질문입니다. '국어 교과서에서 배운 내용을 수학이나 과학 교과서에 적용해볼 수 있는 것은 없을까?'라는 질문을 던져보는 것이죠. 또 사회나 과학처럼 우리 일상과 밀접한 내용은 이런 적용 질문을 더 많이 생각해볼 수 있습니다. 예를 들어, 과학 6-2에 전기로 움직이는 전기 자동차 내용이 나옵니다. 어떤 질문을 해볼 수 있을까요?

- ✓ 현재 우리 동네에는 얼마나 많은 전기 자동차가 있을까?
- ✓ 전기 자동차는 환경 보호에 얼마나 긍정적인 영향을 미칠까?

사회 6-1 경제 교류와 관련해 이런 질문도 던져볼 수 있습니다.

- ✓ 우리나라에는 얼마나 많은 수입 전기 자동차가 판매되고 있을까?

지금까지 6가지 유형의 질문을 살펴봤습니다. 이런 질문들을 통해 정리를 한다면, 정말 아이만의 노트가 과목별로 만들어질 수 있겠죠. 아이마다 궁금한 사항이 다르고 가지고 있는 배경 지식도 다르기 때문입니다. 이제부터 노트에 질문을 만들어 적어보면서 정리를 해보면 어떨까요?

공부가 쉬워지는 노트 정리 원리

3 · 개별 조각보다
덩어리로 이해하기

노트 정리는 지식을 체계화하는 일

노트 정리는 교과서에 있는 수많은 지식을 체계화하는 일인데요. 체계화란 무엇일까요? 사전적 의미로는 '일정한 원리에 따라서 낱낱의 부분이 짜임새 있게 조직되어 통일된 전체로 됨'입니다. 여기서 핵심은 부분을 전체로 만드는 작업입니다. 노트 정리는 단순히 단원에 나와있는 내용을 하나하나 옮겨 적는 일이 아닌 이 개별적인 지식을 잘 엮는 일입니다. 가장 쉬운 예로 전화번호를 외울 때 어떻게 외울까요? 여기 전화번호가 있습니다.

01014323587

여러분은 이 전화번호를 말할 때 어떻게 하나요? 대부분의 사람들이 무의식적으로 11개의 숫자를 3개, 4개, 4개로 쪼개서 말을 합니다. 즉 010∨1432∨3587이라고 말하죠. 그렇게 하는 이유가 무엇일까요? 습관화되어서 그렇기도 하지만 기본적으로 11개를 하나씩 말하는 것보다 3-4-4로 쪼개서 말하는 것이 더 효과적이고 외우기도 쉽기 때문입니다. 다음 숫자는 어떻게 말할 수 있을까요?

173559503830

숫자 1부터 마지막 숫자 0까지 쉬지 않고 말할까요? 그렇지 않습니다. 많은 사람들이 이 숫자를 쪼개서 말하죠. 예를 들어 1735, 5950, 3830. 이렇게 4개씩 쪼개면 말하기도 쉬울뿐더러 외우기도 쉽습니다.

개별 지식보다 덩어리로 생각하는 습관

노트 정리도 마찬가지입니다. 교과서에 있는 개별 지식을 하나씩 다 쪼개서 노트 정리를 한다면 어떨까요? 공부를 할 때 잘 이해가 되지 않겠죠. 수많은 조각으로 나눠진 지식을 외우는 건 누구에게나 쉽지 않은 일이니까요.

공부가 쉬워지는 노트 정리 원리

모든 공부의 기본은 정리입니다. 정리는 무언가를 조각이 아닌 덩어리로 만드는 작업입니다. 집에 있는 책을 정리할 때도 마찬가지 죠. 예를 들어 작가별로 정리한다면, 국내 작가와 해외 작가로 구분할 수 있습니다. 출간된 지역에 따라 구분한다면 어떨까요? 국내 서적과 해외 서적으로 구분할 수도 있겠죠.

이런 정리의 원칙은 아이들이 공부를 할 때 사용하는 마인드맵과도 같습니다. 초등학교 교과서에는 마인드맵과 유사한 생각 그물이 있는데요. 사회 6-1 1단원 '우리나라의 정치 발전'에는 삼권 분립을 생각 그물로 표현해놓았습니다.

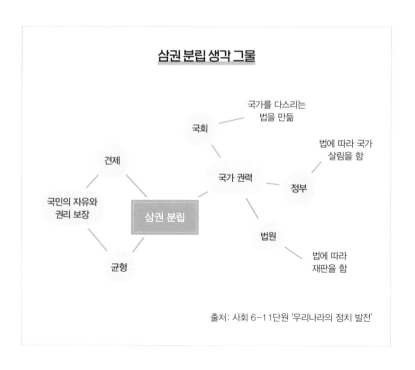

그림에서 국가 권력은 국회, 정부, 법원으로 나누어져 있습니다. 또한 삼권 분립의 이유로 견제와 균형을 제시하고 있습니다. 만약 아이가 삼권 분립에 대해서 이야기한다면 이 생각 그물의 끝에 있는 국회, 정부, 법원보다 국가 권력을 먼저 생각해서 큰 덩어리를 파악하도록 해야 합니다. 아이가 국가 권력에 대한 전체 모습을 이해할 수 있게 하기 위해서 말이죠. 만약 거꾸로 한다면 아이는 3개를 외워서 삼권 분립에 있어 국가 권력에 대한 사항을 파악하지 않고 그냥 국회, 정부, 법원만 알게 되는 것입니다.

과학 5-1에 나오는 태양계의 행성 순서를 외울 때도 앞글자만 따서 수금지화목토천해라고 말합니다. 이는 축약을 위해서이기도 하지만 더 근본적인 이유는 하나의 덩어리로 만들면 8개의 태양계의 행성 순서를 하나하나 외우는 것보다 더 쉽기 때문입니다.

하나의 덩어리	개별 조각
수금지화목토천해	수성, 금성, 지구, 화성, 목성, 토성, 천왕성, 해왕성

더 큰 덩어리도 생각해볼까요? 태양계는 태양, 행성, 위성, 소행성, 혜성으로 구성되어 있습니다. 지금 말한 수금지화목토천해는 행성에 속하죠. 노트 정리를 할 때는 더 큰 덩어리를 먼저 이해한 후 작은 덩어리를 생각해야 하는데 아이들은 작은 덩어리에 집착합니다. 태양계가 어떻게 구성되었는지는 알지 못하고 행성만 알고 있죠.

공부가 쉬워지는 노트 정리 원리

국어도 마찬가지입니다. 글을 문단이라는 하나의 덩어리로 이해하면 수많은 문장을 하나하나 이해하는 것보다 글 전체 내용을 쉽게 파악할 수 있습니다. 예를 들어, 국어 5-1㈎ 3단원 '글을 요약해요'에는 〈다보탑과 석가탑〉이라는 글을 제시하고 각 문단의 중심 문장을 찾아보라는 학습 문제가 나옵니다. 이 문제 또한 같은 목적입니다. 한 편의 글을 문단이라는 덩어리로 이해해야 다보탑과 석가탑의 공통점이나 차이점을 쉽게 이해할 수 있습니다. 여기서 더 확장하면 그 뒤에 〈직업과 옷 색깔〉에 나오는 학습 문제처럼 글을 처음, 가운데, 끝이라는 덩어리로 이해할 수 있게 되는 것이죠.

결국 노트 정리는 공부를 효과적으로 하기 위한 방법인데, 그 방법을 잘못 사용하면 시간만 낭비할 수 있습니다. 중학생, 고등학생, 대학생이 되어서도 작은 덩어리 중심으로 공부한다면, 공부가 잘될까요? 특히 중·고등학교로 올라갈수록 공부량은 많아지고 지식의 수준도 높아지는데 말이죠. 그러면 당연히 공부를 잘하던 아이가 갑자기 성적이 급락할 수도 있습니다. 그 이유는 아이마다 학습 수준이 다르기 때문입니다. 초등학교에서의 학습 수준은 자신의 역량에 맞았지만 중·고등학교에 들어가서는 교과의 수준이 아이의 역량보다 높기 때문입니다. 똑같이 공부를 잘했어도 중·고등학교에 가서 차이가 나는 이유는 이 때문입니다. 그래서 초등학교 때부터 아이가 중·고등학교에 가서도 공부를 수월하게 할 수 있도록 이런 기초적인 학습 역량을 높이는 것이 중요합니다.

4 ∘ 뼈대만 알면
노트 정리가 쉽다

아이가 책을 읽고도 관련된 문제를 풀지 못하거나 내용에 대해 제대로 이야기를 하지 못하면 많은 부모들이 답답해합니다. 그런데 답답해하기 전에 아이가 왜 책을 읽고도 제대로 답을 못하는지에 대한 고민이 필요합니다. 어떤 이유가 있을까요? 어휘력이 약해서, 책내용이 어려워서, 집중해서 책을 읽지 않아서, 책의 뼈대(구조)를 이해하지 못해서 등 다양합니다. 핵심적인 이유는 책의 구조를 이해하지 못했기 때문입니다.

노트 정리와 관련해 인터뷰했던 선생님 또한 "요즘 아이들의 특징 중의 하나가 기승전결이 있어야 하는데 결만 있다. 기승전을 알아야 하는데 결만 쓰는 친구들이 많다. 친구들하고 이야기할 때도 말이 맥락 없이 갑자기 툭 나오는 경향이 많고 선생님하고 이야기할 때도 그렇다."라고 말합니다. 기본적으로 어떤 말을 할 때 뼈대가 없다 보니 맥락이 사라지죠.

공부를 할 때 공부를 잘하는 아이들이 교과서의 목차를 훑어보고 전체 내용을 이해하는 것과 마찬가지죠. 교과서의 목차는 그 과목에서 배워야 할 큰 흐름을 보여줍니다. 앞의 내용을 이해하지 못한다면 뒤의 내용은 당연히 이해하지 못할 수밖에 없습니다. 초등학교에서 제대로 기초를 쌓지 않으면 중학교, 고등학교에 가서 기초를 쌓는 작업을 한 다음에야 제대로 된 학습을 하는 것과 같죠.

그래서 가끔 보면 초등학교 때 공부를 잘하다가 중학교 때 여러 사정으로 성적이 떨어진 친구가 짧은 시간 내에 다시 우수한 성적을 보여준 경우가 있습니다. 이는 초등학교 때 쌓은 기초 지식과 공부 방법이 바탕이 되어서입니다.

노트 정리는 뼈대를 만드는 작업이다

집을 지을 때 뼈대를 만든 다음 세부 작업이 이루어지는 것처럼 노트 정리도 마찬가지입니다. 무작정 교과서에 있는 내용을 빠르게 옮겨 적기보다 일단은 교과서의 목차와 세부 구성을 보면서 어떻게 정리하는 것이 효과적일지를 고민해야 합니다. 노트 정리의 핵심이 뼈대를 만드는 작업이기 때문입니다.

국어 교과서의 이야기를 이해할 때도 마찬가지죠. 이야기는 발단, 전개, 절정, 결말이라는 구조를 가지고 있습니다. 이 구조를 배우는 이유는 무엇일까요? 이 구조를 통해 이야기가 어떻게 전개되는지를 파악할 수 있기 때문입니다. 동화책을 만들 때도 마찬가지겠죠. 논설문도요. 논설문은 서론, 본론, 결론으로 구성되어 있고 전체 내용은 주장과 근거를 가지고 있죠. 만약 논설문을 요약한다면, 서론, 본론, 결론에 대한 이해를 통해 주장에 대한 근거를 나열할 수가 있습니다. 그런데 글의 구조를 모른다면, 이 글을 도대체 어떻게 정리해야 할지 도무지 감이 오지 않겠죠.

국어 6-1(가) 1단원은 '비유하는 표현'입니다. 만약 이 단원을 요약한다면, 교과서를 어떻게 봐야 할까요? 그냥 단원 소개 내용은 넘어가 준비 학습, 기본 학습, 실천 학습 내용을 보면 될까요? 그렇지 않습니다. 어떤 교육이든 항상 교육 목표가 있듯이 교과서에도 이 단원에서 배워야 할 단원의 학습 목표가 있습니다. 이 내용은 교과서 첫 페이지에 잘 설명되어 있습니다. 국어 교과서는 다음과 같이 구성되어 있습니다.

단원명	학습 주제
단원 학습 목표	학습을 통해 최종적으로 달성해야 할 사항
무엇을 배울까요	세부 학습 내용으로 준비 학습, 기본 학습, 실천 학습으로 구성 ① 준비 학습은 단원에서 배울 내용과 이미 아는 내용을 관련지어 학습을 준비 ② 기본 학습은 단원에서 배워야 할 내용을 익히고 연습 ③ 실천 학습은 단원에서 배운 내용을 새로운 상황에 적용하고 단원 학습 내용을 정리

그렇다면 '비유하는 표현'이라는 단원의 세부 내용을 살펴볼까요?

단원명	비유하는 표현	
단원 학습 목표	비유하는 표현을 살려 생각을 다양하게 표현해봅시다	
무엇을 배울까요	준비 학습	비유하는 표현 살펴보기
	기본 학습	비유하는 표현 살펴보기
		비유하는 표현을 생각하며 시 읽기
		비유하는 표현을 살려 시 쓰기
	실천 학습	시 낭송회와 시화전 열기

아이가 '비유하는 표현'이라는 단원을 정리한다면, 기본적으로 학습 목표를 달성할 수 있는 내용을 알고 있어야 하겠죠. 세부적으로는 비유하는 표현이 무엇인지(준비 학습), 시에서 비유하는 표현이란 것이 무엇인지(기본 학습)를 일단 머릿속에 넣고 교과서를 읽으며 정리해야 합니다. 이런 뼈대에 대한 이해 없이 국어 교과서의 내용을 정리한다면, 노트 정리를 알려주는 부모나 아이 모두 당황할 수 있습니다. 왜냐하면 사회나 수학처럼 정리해야 할 내용을 찾기가 쉽지 않은 경우가 많기 때문입니다. 이렇게 뼈대를 대략 이해했다면 준비 학습에서는 비유하는 표현에 대한 정의, 기본 학습에서는 비유하는 표현의 특징, 시에서 빗대어 표현하는 방법인 은유법이 핵심 내용이라 생각하고 노트 정리를 할 수 있습니다.

온라인 수업에서 더 중요한 뼈대 이해

지금처럼 온라인 수업이 이루어질 때는 아이가 꼭 단원의 학습 목표와 학습 내용을 보고 수업에 참여할 수 있도록 해야 합니다. 온라인 수업은 오프라인 대비 더 집중하기 어려워서 그날 공부한 내용을 제대로 이해하지 못할 가능성이 매우 높습니다. 사실 온라인 교육은 성인도 집중하기 어려워 학습 효과가 떨어질 수 있다는 점을 고려하면, 아이는 수업 전 더 철저한 준비가 필요합니다.

이런 뼈대에 대한 이해는 이미 앞서 큰 덩어리를 이해해야 하는 것과 같은 맥락에 있습니다. 뼈대가 있고 그 뼈대 아래에는 앞서 이야기한 큰 덩어리들이 있기 때문입니다. 예컨대 그림을 그릴 때 작은 나뭇가지에 얽매이면 나무를 잘 그릴 수 있을까요? 그렇지 않죠. 나무를 설명할 때도 마찬가지입니다. 나무의 전체 모습, 줄기, 가지 순으로 설명해줘야 이해하기가 더 쉽겠죠.

아이에게 노트 정리를 제대로 알려주고 싶다면, 노트 정리를 위한 작은 스킬에 집중할 게 아니라 노트 정리의 기본적인 원칙과 원리에 집중하도록 해야 합니다. 어려운 내용이 나오더라도, 혹은 학습 내용이 많더라도 스스로 노트 정리가 가능하게끔 말이죠. 그렇지 않으면 학년이 올라갈수록 스스로 학습이 더 어려울 수가 있습니다.

5 ∘ 노트 정리의 핵심,
나만의 관점 갖기

미국에서 고등학교 1학년을 대상으로 역사적 사건 공부와 관련한 실험을 했습니다.[*] 한 집단에게는 역사 사건과 관련한 내용을 그냥 학습하라고만 했습니다. 다른 집단에는 자신의 관점뿐만 아니라 다양한 관점에서 생각해보라고 했습니다. 두 집단을 대상으로 시험을 봤는데 결과는 어땠을까요?

다양한 관점에서 역사적 사건을 공부한 학생들이 시험 점수가 높았을 뿐만 아니라 창의적 글쓰기 역량도 향상되었습니다. 이 실험이 의미하는 바는 무엇일까요? 누구나 알고 있듯이 단순 암기식 공부는 한계가 있다는 것입니다. 노트 정리도 마찬가지입니다. 단순히 글을 옮겨 적는 행위는 단순 암기식 공부와 별반 다를 게 없습니다.

• 엘렌 랭어, 앞의 책, 113-114.

공부가 쉬워지는 노트 정리 원리

대부분의 아이들이 노트 정리를 한다고 하면 중요하지 않은 내용은 삭제하고 핵심 내용 중심으로 정리를 합니다. 그런데 우리가 노트 정리를 하는 궁극적인 목적이 무엇일까요? 핵심 정리만이 목적일까요? 노트 정리는 지식을 효과적으로 습득하고 자신만의 관점이 입혀진 새로운 지식을 창출할 수 있는 기반을 만드는 게 더 중요합니다.

지식을 자신의 것으로 만드는 노트 정리

노트 정리는 아이의 생각을 통해 수업 시간에 배운 지식을 자신의 것으로 만드는 일입니다. 예를 들어, 선생님이 정리해 놓은 PPT를 그대로 노트에 옮기는 것은 글자를 쓰는 것이지 공부가 아닙니다. 선생님의 PPT를 보고 1차 정리한 후, 아이가 교과서와 선생님이 정리해놓은 PPT를 보고 궁금하거나 혹은 더 추가해야 할 사항들을 노트에 정리해야 합니다.

이런 과정은 아이가 스스로 지식을 이해하고 해석할 수 있도록 만들어줍니다. 교과서에서도 한 단원을 공부하면 그 단원의 내용에 대해 아이의 생각을 묻는 문제들이 나옵니다. 사회 4-1 1단원 '지역의 위치와 특성'의 끝에는 단원 마무리라고 하여 단원에서 배운 내용을 정리함과 동시에 "공부하면서 새롭게 알게 된 사실이나 더 배우고 싶은 내용을 써봅시다."라는 항목이 있습니다. 아이는 이 항목을 통해 자신의 생각을 정리할 기회를 가질 수 있습니다.

이뿐인가요? 아이의 생각을 묻는 질문은 대부분의 교과서에 나와 있습니다. 초등 고학년이 될수록 아이가 자신의 생각을 정리해서 체계적으로 말하도록 하는 문제들이 계속 나올 뿐만 아니라 질문 내용도 어려워집니다. 그래서 노트에 정리한 단원의 내용을 자신의 언어로 다시 정리해보는 연습이 필요합니다.

여기서 한발 더 나아가면 학습한 내용을 바탕으로 궁금하거나 추가해야 할 사항들을 파악하며 처음 정리된 노트를 계속 수정, 보완해나갑니다. 모든 아이들이 똑같이 정리된 노트가 아닌 아이의 학습 역량과 지식 수준에 따라 다른 노트를 가질 수 있도록 말이죠.

단지 정리가 잘 되어있는, 공부를 잘하는 아이의 노트를 그대로 베껴 쓴다고 해서 자신의 것이 되는 것이 아닙니다. 이런 행위는 지식을 단순히 암기하는 것과 차이가 없습니다. 아무리 정리가 잘 되어있다고 하더라도 자기 생각이 없으면 공부에 큰 도움이 되지도 않습니다.

최우등생의 노트 정리는 무엇이 다를까?

그렇다면 정말 공부를 잘하는 학생의 노트는 무엇이 다를까요? 궁금하시 않나요? 미국의 비시간내 최우등생을 대상으로 노트 필기와 관련한 설문조사 결과는 이에 대한 답을 주는데요.[*]

높은 응답을 보인 문항	낮은 응답을 보인 문항
시험 공부 할 때 다른 친구의 노트보다는 내가 정리한 노트를 보며 공부한다.	수업 시간에 교수가 강의하는 모든 내용을 필기한다.

결국 자기 스스로 노트 정리를 하지 못한다는 것은 자신이 공부한 내용을 제대로 학습하지 못했다는 것과 마찬가지라고 볼 수 있습니다. 또한 최우등생들은 자신만의 기준을 가지고 노트를 정리한다는 것을 확인했습니다.

서울대 학생들을 대상으로 한 연구를 보면, 노트 정리의 구체적인 방법을 알 수 있는데요.[**]

이 연구를 보면, 이들은 전체 흐름과 구조를 파악해 중요한 내용을 선별하는 과정을 거칩니다. 먼저 무조건 정리를 하기보다는 교과서를 보면서 전체 흐름을 파악합니다. 정리하기 전에 전체 흐름이 어떻게 되는지, 전반적인 내용과 이 수업이 무슨 목적을 지니고 있는지 등을 파악하려 하죠.

- [*] 이혜정(2014), 《서울대에서는 누가 A+를 받는가》, 다산에듀, 128–129.
- [**] 나일주, 이지현(2011), 〈정보 요약의 과정 및 원리 탐구: 최우수 학습자들의 노트 필기 전략 분석을 중심으로〉, 《교육공학연구》 27(2), 365–399.

다음으로 흐름을 파악했으니 자신만의 구조를 설계합니다. '우선 처음에 구조를 어떻게 짤까, 어떤 식으로 하면 더 이해하기 쉬울까, 이런 방식으로 정리할 수도 있고 저런 방식으로 정리할 수도 있고 여러 가지 기준으로 정리할 수 있다고 할 때 어떤 것으로 할까'에 대해 고민합니다. 여기서 핵심은 무엇일까요? 이 학생들이 다양한 기준과 방식에 대해 고민한다는 것이죠. 정리라는 게 하나의 방법만 있는 것이 아니기 때문입니다. 교과서의 내용조차도 다양한 기준에 따라 정리가 될 수 있죠. 결국 누가 얼마나 잘 정리하는지를 결정하는 핵심은 구조라고 볼 수 있습니다.

세 번째는 핵심 내용 찾기인데, 여기서는 어떤 내용을 선택하고 삭제할지, 또 추가나 강조할지 여부를 결정합니다. 만약 이 부분에서 정리가 되지 않으면 어떨까요? 연구에 참가한 학생의 말을 보면 알 수 있는데요.

"잘못 정리된 거부터 말하면 뭐가 많이 적혀있기는 하지만 도대체 이게 왜 나와있는지 알 수 없는, 내가 필기를 열심히 해놓기는 했지만 갑자기 왜 튀어나왔을까라는 생각이 들고…"

이 내용에서도 알 수 있듯이, 단순 선택, 삭제, 추가, 강조가 아닌 내용 간의 연결고리가 있어야 하고 맥락에 대한 이해가 필수적이라는 것을 알 수 있습니다.

공부가 쉬워지는 노트 정리 원리

이처럼 노트 정리는 자신만의 방법이나 기준이 중요합니다. 특히 아이의 수준에 따라 그 노트에 정리된 내용도 다를 수밖에 없습니다. 우리는 동일한 내용을 배웠으니 동일하게 정리될 거라고 생각하는데 그렇지 않습니다. 독서도 마찬가지죠. 어떤 친구가 중학교 수준의 책을 읽는다고 해서 우리 아이도 그렇게 읽혀보는 것은 공부에 전혀 도움이 되지 않습니다. 또 똑같은 책을 읽어도 아이의 지식 수준과 경험에 따라 그 책을 통해 배우는 내용도 다릅니다. 노트 정리도 마찬가지죠.

부모들은 아이들에게 항상 생각하라고 말하지만 정작 아이가 시험을 보거나 공부를 한 후에는 아이의 생각을 묻기보다는 결과를 물어봅니다. 그런 것들이 결국 아이들이 노트 정리할 때 반영되어 노트 정리를 다 했는지 못했는지에만 초점을 두게 됩니다. 하버드대의 신경과학자 제레드 쿠니 호바스 Jared Cooney Horvath는 "우리는 우리가 기억하는 것들을 생각하지 않는다. 우리는 우리가 생각하는 것들을 기억한다."라고 말했습니다. 노트 정리에 이 말을 적용한다면, 아이의 생각이 없는 노트 정리는 단순 글쓰기에 불과하다는 것으로 생각해볼 수 있습니다.

노트 정리
핵심 스킬과
단계별 노트법

1 ◦ 핵심 단어를
어떻게 찾을까?

아이들이 노트 정리를 할 때 가장 어려워하는 것은 무엇일까요? 바로 핵심 단어 찾기입니다. 노트 정리는 기본적으로 많은 내용을 요약하는 것이기 때문에 핵심 단어를 찾지 못한다면 제대로 정리가 될 수 없습니다. 부모 입장에서는 교과서에 이미 내용이 다 있는데 핵심 단어를 못 찾는 아이를 보면 답답하기도 합니다. 하지만 아이들은 이제 배움을 시작하는 단계이기 때문에 아이들에게 핵심 단어를 어떻게 찾을 수 있는지를 알려줘야 합니다.

교과서 구성만 파악하면 보이는 핵심 단어

핵심 단어는 어떻게 찾을 수 있을까요? 교과서의 구성을 이해하면 됩니다. 과목별로 교과서의 구성이나 활용법이 나오는데 이 내용을 이해하면 핵심 단어가 무엇인지 쉽게 찾을 수 있습니다. 하지만 대부분의 아이들이 이 부분을 그냥 건너뛰고 항상 본문으로 들어갑니다. 교과서를 제대로 활용하지 못하는 것이죠.

사실 책을 읽을 때도 마찬가지입니다. 책에는 책의 구성이나 활용법이 없지만 작가가 왜 이 책을 썼고 이 책이 어떤 식으로 구성되어 있는지, 어떻게 읽으면 좋은지가 '들어가기' 혹은 '프롤로그'에 적혀있습니다. 들어가기나 프롤로그를 읽으면 작가의 관점이나 핵심 내용이 무엇인지 쉽게 알 수가 있습니다.

그렇다면 교과서를 한 번 살펴볼까요? 노트 정리가 가장 필요한 사회 교과서부터 보겠습니다. 사회 교과서 첫 페이지에는 '구성과 특징을 확인해요'가 있습니다. 여기에는 단원 도입, 주제 학습, 단원 정리 형태로 책이 구성되어 있다고 설명되어 있습니다. 단원 도입에는 단원명, 주제 학습에는 주제명과 차시명을 표시해놨습니다. 단원명, 주제명, 차시명은 우리가 흔히 알고 있는 목차입니다. '구성과 특징을 확인해요' 다음에는 '무엇을 공부할까요'가 나오는데 이게 바로 목차입니다. 사회 4-1의 1단원 목차는 다음과 같이 구성되어 있습니다.

사회 4 - 1 1단원의 구성

1. 지역의 위치와 특성   → 단원명

    ① 지도로 본 우리 지역 → 주제명

노트 정리 핵심 스킬과 단계별 노트법

② 우리 지역의 중심지 → 주제명

'지역의 위치와 특성'이 단원명, '지도로 본 우리 지역'이 주제명입니다. 차시명은 어디에 있을까요? 차시명은 '지도로 본 우리 지역'을 공부할 때 나옵니다. 교과서를 보면, '지도로 본 우리 지역'에 대한 차시는 다음과 같습니다.

1차시: 지도가 무엇인지 알아봅시다.

2차시: 우리 지역을 나타낸 지도를 살펴봅시다.

3차시: 지도에서 방위표를 이용해 위치를 알아봅시다.

4차시: 지도에 있는 기호와 범례를 살펴봅시다.

5차시: 지도에서 땅의 높낮이를 나타내는 방법을 알아봅시다.

6차시: 우리 생활에서 지도를 어떻게 활용하는지 살펴봅시다.

차시명을 핵심 단어 위주로 정리해서 다시 구성해보면 다음과 같습니다.

사회 4-1 1단원의 주제명과 차시명

1. 지역의 위치와 특성

　① 지도로 본 우리 지역

　　(1) 지도의 개념

(2) 지도 속 우리 지역

(3) 지도 속 방위표

(4) 지도의 기호와 범례

(5) 지도 속 땅의 높낮이

(6) 생활 속 지도의 활용

이렇게 교과서의 구성을 파악했다면 목차 속에서 핵심 단어를 찾아볼 수 있습니다. '지도', '방위표', '기호와 범례', '땅의 높낮이' 등입니다. 실제로 아이가 '지도로 본 우리 지역'의 내용을 공부했다면, 지금 제시한 핵심 단어 위주로 노트 정리가 되어있어야 합니다. 이렇게 목차를 중심으로 핵심 단어를 찾는 방법 외에도 '주제 마무리'를 하는 내용에 가면 아이가 이 주제명에서 꼭 알아야 할 내용이 나옵니다.

'지도로 본 우리 지역'의 주제 마무리에는 방위표, 범례, 축척, 등고선에 대한 문제가 나옵니다. 이 단어가 이 주제에서 가장 중요한 내용이기 때문에 노트 정리 시에는 이와 관련된 내용이 꼭 들어가 있어야 합니다.

또 다른 방법은 무엇이 있을까요? 학습 내용입니다. 사회 4-1 교과서에는 각 단원의 학습 내용이 서술형으로 길게 제시되어 있습니다. 여기서 핵심 단어를 찾아보는 것입니다. 학습 내용에는 결국 단원에서 배워야 할 학습 목표가 제시되어 있기 때문입니다.

노트 정리 핵심 스킬과 단계별 노트법

교과서에 제시된 학습 내용

> 지도를 보면 우리 지역의 위치를 알 수 있고, 지도에 나타난 정보로 우리 지역의 특징을 알 수 있습니다. 우리 지역에는 사람들이 많이 모이는 곳이 있습니다. 사람들이 많이 모이는 곳은 어디에 있으며 그곳의 특징은 무엇일까요?
>
> 출처: 사회 4-1 '지역의 위치와 특성'

이 학습 내용을 학습 목표 형태로 바꿔보면 더 명확해집니다. 결국 아이는 이 학습 목표를 달성하기 위해 필요한 기본 지식을 이 단원에서는 배우죠. 이렇게 학습 내용을 학습 목표로 바꿔보면, 아이가 이 단원에서 배워야 할 내용을 명확하게 만들 수 있습니다. 혹은 이 학습 목표를 질문 형태로 만들어 아이가 답하게 해볼 수도 있습니다.

학습 내용을 학습 목표로 바꿔보기

1. 지도를 보고 우리 지역의 위치를 알 수 있다.
2. 지도의 정보로 우리 지역의 특징을 알 수 있다.

3. 사람들이 많이 모이는 우리 지역의 특징을 파악할 수 있다.

질문형 학습 목표

1. 지도에서 우리 지역의 위치는 어디일까요?

2. 지도의 정보로 봤을 때, 우리 지역의 특징은 무엇일까요?

3. 사람들이 많이 모이는 우리 지역의 특징은 무엇일까요?

사회 4-1 교과서와 달리 초등학교 5~6학년 교과서에는 질문 형태로 각 주제별로 알아야 할 학습 내용을 나눠서 제시하고 있습니다. 예를 들어, 사회 5-1의 1단원은 '국토와 우리 생활'입니다. 1단원은 3개의 주제명으로 구성되어 있습니다.

사회 5-1 1단원의 구성

1. 국토와 우리 생활

① 우리 국토의 위치와 영역

② 우리 국토의 자연환경

③ 우리 국토의 인문환경

이렇게 단원과 주제명 다음에는 학습 내용이 나옵니다. 다음 3가지입니다.

① 우리 국토는 어디에 위치하고, 우리나라의 영역은 어디까지일 까요?

② 우리나라 지형과 기후의 특징은 무엇일까요?

③ 우리나라의 인구, 도시, 산업, 교통은 어떻게 변해왔을까요?

국어의 핵심 단어 찾기

정리해보면, 차시명을 통해 핵심 단어를 찾고 노트 정리를 하고, 부족한 점이 있는지는 학습 내용의 질문에 답을 할 수 있는 내용이 노트에 있는지를 파악하면 됩니다. 지금까지 노트 정리가 가장 필요한 사회를 중심으로 이야기했는데, 국어, 수학, 과학도 마찬가지입니다. 국어만 간단히 이야기해 볼까요?

국어 교과서도 첫 페이지에 국어 교과서를 활용하는 방법에 대한 '이렇게 활용해 보세요'라는 내용이 있습니다. 이 내용을 보면, 국어 교과서는 단원명, 단원 학습 목표, 단원 도입 물음으로 구성됨을 알 수 있습니다. 국어 4-1(가)의 1단원을 살펴보면 다음과 같습니다.

단원명	생각과 느낌을 나누어요
단원 학습 목표	시나 이야기를 읽고 생각이나 느낌을 나누어 봅시다.
단원 도입 물음	시를 읽고 어떤 생각이나 느낌이 들었나요?

단원 도입 질문은 학습 목표를 질문 형태로 바꾼 것으로 아이에게 이 질문을 통해 아이가 이 단원을 제대로 학습했는지를 알 수 있습니다. 사회 교과서와 달리 세부 주제나 차시가 없는 이유는 한 단원에서 많은 내용을 담고 있지 않기 때문입니다. 대신 5~6학년 교과서는 배우는 내용을 세분화해서 제시하고 있고 교과서의 구성 또한 준비, 기본, 실천 형태로 구성되어있습니다. 준비 학습은 단원에서 배울 내용과 이미 아는 내용을 관련지어 학습을 준비하는 내용입니다. 기본 학습은 단원에서 배워야 할 내용을 익히고 연습합니다. 실천 학습은 단원에서 배운 내용을 새로운 상황에 적용하고 단원 학습 내용을 정리하는 부분입니다. 그래서 국어 5-1(가)의 1단원의 구성은 다음과 같이 되어있습니다.

국어는 지문을 중심으로 공부하기 때문에 교과서에 주로 필기를 하지만, 기본 학습에 제시되어있는 내용만 가지고도 노트 정리를 해볼 수 있습니다.

국어 5-1(가) 1단원의 구성

단원명	대화와 공감	
단원 학습 목표	대화의 특성을 알고 친구에게 칭찬하거나 조언하는 말을 해봅시다.	
무엇을 배울까요	준비	① 대화의 특성 이해하기
	기본	② 상대가 잘한 일이나 상대의 장점을 찾아 칭찬하기
		③ 상대를 배려하며 조언하기
		④ 서로 공감하며 대화하기
	실천	⑤ 친구들의 고민을 듣고 해결 방법 제안하기
단원 도입 물음	말이나 행동을 할 때 상대의 처지를 헤아려야 하는 까닭은 무엇일까요?	

2 。핵심 단어 중심의
요약 방법

아이들에게 요약 정리는 어려운 일 중의 하나입니다. 사실 초·중·고등학교 그리고 대학교 때까지 공부를 한다면 항상 따라오는 단어 중의 하나가 요약입니다. 대학을 졸업하고 나서도 마찬가지입니다. 회사에서 들어가서 수많은 보고서를 써야 하는데, 이때도 요약이 중요하죠. 특히 지금처럼 원 페이지 보고서를 요구하는 때에는 더욱 그렇습니다.

이러니 초등학생에게 노트 정리는 결코 쉬운 일이 아닙니다. 어렵다고 그냥 놔둬서도 안되죠. 인터넷 검색을 해보면 아이들이 얼마나 요약 정리에 관심이 높은지 알 수 있는데요. 아이들은 과제를 수행하거나 공부를 잘하기 위해서 요약 정리하는 방법을 배우고 싶어 합니다.

"제가 올해 초등학교 4학년인데, 요약하는 방법과 요약하기 좋은

노트 정리 핵심 스킬과 단계별 노트법

노트를 어디서 사면 좋을지 알려주세요."

"전 초등학생 6학년인데요, 국어책에 〈우주 호텔〉이라는 이야기가 나오더군요. 이 이야기를 발단 – 전개 – 절정 – 결말 이렇게 4부분으로 나누어서 요약해주세요."

"저는 초등학생 6학년입니다.《도서관을 훔친 아이》줄거리 15줄로 요약해주세요."

이처럼 많은 아이들이 어떻게 요약을 해야 하는지 잘 모르는 경우가 많습니다. 초등학교 국어시간에 문단별로 중심 문장과 뒷받침 문장에 대해 공부를 하더라도 쉬운 일은 아니기 때문입니다. 특히 글의 핵심 내용을 파악하지 못하면 잘못된 요약을 하기 쉽습니다.

대부분의 아이들이 핵심 내용을 빼먹거나 핵심 내용이 아닌 사항을 중심으로 글을 요약하는 경우가 많습니다. 이는 요약이 아니라 단지 글을 줄인 축약입니다. 국어사전을 보면, 요약은 말이나 글의 요점을 잡아서 간추림, 축약은 줄여서 간략하게 함이라고 말하고 있죠.

요약을 잘하는 방법

그렇다면 노트 정리를 잘하기 위해서는 어떻게 글을 요약하는 게 좋을까요? 첫 번째는 불필요한 내용의 제거입니다. 이 내용을 제거

해도 문장을 이해하는 데 어려움이 없으면 됩니다. 이렇게 하면 자연스럽게 핵심 내용이 드러나게 됩니다. 다음은 사회 5-1 1단원의 두 번째 주제 '우리 국토의 자연환경'에서 1차시 '우리나라의 지형을 살펴봅시다' 첫 페이지에 나오는 문장입니다. 이 문장에서 불필요한 문장은 무엇일까요?

> 우리가 살고 있는 땅은 생김새가 다양하다. 어떤 곳은 지대가 높고 경사가 급하지만, 어떤 곳은 지대가 낮고 평탄하다. 또 물이 모여 흐르는 곳도 있고, 바다로 둘러싸인 곳도 있다. 이와 같은 땅의 생김새를 지형이라고 한다.
>
> 출처: 사회 5-1 1단원 '국토와 우리 생활'

차시명에서도 알 수 있듯이 '지형'에 관한 내용을 다루고 있습니다. 그러면 지형이 무엇인지를 알려주는 내용이 핵심 문장이 됩니다. 바로 "이와 같은 땅의 생김새를 지형이라고 한다."가 핵심 문장입니다. 나머지 문장은 뭘까요? '지형 = 땅의 생김새'로만 설명해놓으면 아이들이 이해하기 어렵기 때문에 땅의 생김새라는 것이 구체적으로 무엇인지 설명해놓은 문장입니다. 이 내용을 핵심 단어 중심으로 다음과 같이 정리할 수 있습니다.

노트 정리 핵심 스킬과 단계별 노트법

핵심 단어 중심의 노트 정리

2. 우리 국토의 자연환경 → 주제명

1) 우리나라의 지형 → 차시명

  - 지형: 땅의 생김새 → 개념 설명

   예) 지대가 높거나 낮은 것 → 부연 설명(필요 시)

이처럼 어떤 개념에 대한 내용을 정리할 때는 조금만 노력하면 금방 아이들이 따라할 수 있습니다. 그런데 이야기를 읽고 내용을 정리한다면 어떻게 해야 할까요? 국어 6-1(가)의 기본 학습 중에는 '이야기 구조를 생각하며 요약하는 방법 알기'가 있습니다. 교과서에서는 중요하지 않은 내용을 삭제해서 이야기의 주요 문장을 요약하는 방법을 제시하고 있습니다. 〈저승에 있는 곳간〉이란 이야기의 문장을 가지고 어떻게 정리했는지 한 번 보겠습니다.

내용	저승사자는 원님에게 이승으로 가려면 저승에 있는 곳간에서라도 수고비를 내놓으라고 했다.
요약	저승사자는 원님에게 이승으로 가려면 저승에 있는 곳간에서라도 수고비를 내놓으라고 했다.

'이승으로 가려면 저승에 있는 곳간에서라도'는 중요하지 않은 내용이므로 삭제해 '저승사자는 원님에게 수고비를 내놓으라고 했다.'라고 정리를 하고 있습니다. 이처럼 문장의 핵심 내용을 찾아서 요약할 수 있습니다.

초등학교 4학년 때는 글을 간추려 쓰는 방법, 5~6학년 때는 글을 요약하는 방법에 대해 공부합니다. 학년이 올라갈수록 글의 구조를 파악해 내용을 요약하는 방법을 배웁니다. 그렇기 때문에 초등학교 3학년부터는 서서히 노트 정리 하는 법을 익혀서 아이들이 글밥이 많아도 당황하지 않고 공부할 수 있는 힘을 길러줘야 합니다.

국어 4-1(가)에 기본 학습 중에 '글을 읽고 사실과 의견 구별하기'가 있습니다. 국어는 대부분 교과서에 필기를 하지만 핵심 개념에 대해서는 스스로 정리해보면 좋습니다. 이 기본 학습에서는 사실과 의견을 구별하기가 핵심입니다. 교과서에는 사실과 의견에 대해 다음과 같이 나옵니다.

"실제로 있었던 일은 사실이고, 그 일에 대한 생각은 의견이에요."
"의견은 어떤 사실이나 대상에 대한 생각을 말해요. 의견은 사람마다 다를 수 있어요."

교과서를 읽고 사실과 의견에 대해 정리한다면 어떻게 할 수 있을까요? 가장 쉽게는 다음과 같이 정리할 수 있습니다.

노트 정리 핵심 스킬과 단계별 노트법

사실과 의견에 대한 기본 정리

사실	실제로 있었던 일
의견	어떤 사실이나 대상에 대한 생각

아이가 정리를 잘한다면, 사실과 의견을 비교해서 표로 보여줘도 좋습니다. 기본 학습의 목적 자체가 사실과 의견을 구별해보고 사실에 대한 의견을 말해보는 것이기 때문에 이를 표로 만드는 것이죠.

사실과 의견에 대한 기본 정리

구분	사실	의견
개념	실제로 있었던 일	어떤 사실이나 대상에 대한 생각
예시	나는 상을 받았다.	나는 상을 받아 기분이 좋았다.
실제로 일어난 일인가?	○	×
자신의 생각을 표현한 것인가?	×	○

3 ∘ 옮겨 적기보다
분류가 먼저

분류는 노트 정리의 핵심

분류는 기준을 가지고 무언가를 나누는 것인데요. 초등학교 고학년
으로 갈수록 중·고등학교 공부에 대비하기 위해 무엇이든 분류해
보는 연습이 필요합니다. 분류를 얼마나 잘하냐에 따라 노트 정리
의 수준뿐만 아니라 공부의 효율성도 높아지기 때문입니다. 중학교
선생님들 또한 "필기에 있어 가장 중요한 건 구조화이다. 구조화를
잘하는 아이는 학습능력이 우수하다."라고 말합니다. 예를 들어 사
과, 배, 딸기, 고등어, 갈치가 있다면 어떻게 분류할 수 있을까요? 이
미 우리는 이에 대한 답을 알고 있습니다.

노트 정리 핵심 스킬과 단계별 노트법

과일(농산물)	사과, 배, 딸기
생선(수산물)	고등어, 갈치

노트 정리에서도 마찬가지입니다. 그런데 노트 정리를 잘하지 못하는 아이들은 대부분 분류를 하지 않고 나열을 합니다. 나열을 하면 어떻게 될까요? 노트 정리를 했다고 하더라도 정리된 내용이 한눈에 들어오지 않게 됩니다.

우리 집 주변의 가게에서는 사과, 배, 딸기, 고등어, 갈치를 판매한다.

그런데 정리를 잘하는 아이들은 위의 예시처럼 분류합니다. 이런 분류는 교과서에 있는 내용을 그대로 옮기는 게 아니라 아이가 내용을 이해해 '이 내용은 어떻게 분류하는 게 좋겠다.'라고 생각하고 정리하는 것이죠. 여기서 한 단계 더 나아가면 어떻게 할 수 있을까요? 아래처럼 정리할 수 있죠.

우리 집 주변의 가게에서는 과일과 생선을 판매한다.
과일은 사과, 배, 딸기, 생선은 고등어, 갈치가 있다.

이러면 공부를 더 효율적으로 할 수 있습니다. 상위 개념(과일)을

중심으로 하위 개념(사과)에 대한 내용이 자연스럽게 기억이 나기 때문입니다. 이는 서울대 학생들을 대상으로 한 연구에서도 알 수 있습니다.[•]

"상위 개념을 보면 하위 개념이 뭐가 있는지 생각나고 그 하위 개념 의미랑 이런 걸 생각할 수 있게… 키워드가 딱 던져지면 줄줄 줄줄 생각나는 것이 다 나오게 해야 해요."

결국 정리는 국어사전에서 정의하고 있는 것처럼 '흐트러지거나 혼란스러운 상태에 있는 것을 한데 모으거나 치워서 질서 있는 상태가 되게 하는 것'입니다. 이런 정리는 단순하게 보이지만 중·고등학생이 되어서도 쉽지 않은 일 중의 하나입니다. 이런 정리를 잘하기 위해서는 어떻게 해야 할까요? 기본적으로 상위 개념과 하위 개념을 알고 있어야 합니다. 쉬운 예를 들어볼까요? 학교에는 초등학교, 중학교, 고등학교, 대학교가 있습니다. 여기서 학교가 상위 개념, 초등학교, 중학교, 고등학교, 대학교가 하위 개념입니다. 상위 개념은 하위 개념을 포괄합니다.

• 나일주, 이지현, 앞의 글, 384.

노트 정리 핵심 스킬과 단계별 노트법

상위 개념과 하위 개념

일반화 ⟨⋯⋯⋯⋯⋯⋯⋯⋯⋯⋯⋯⟩ 구체화	
상위 개념	하위 개념
학교	초등학교, 중학교, 고등학교, 대학교

앞서 본 과일과 사과의 관계도 마찬가지입니다. 과일 중에는 사과가 있기 때문에 과일은 상위 개념, 사과는 하위 개념이 됩니다. 그래서 다수의 하위 개념을 하나의 상위 개념으로 만드는 것을 일반화라고 합니다. 반면, 하나의 상위 개념을 다수의 하위 개념으로 분류하는 것을 구체화라고 하죠.

교과서의 목차가 바로 상위 개념과 하위 개념

상위 개념과 하위 개념을 더 쉽게 알고자 한다면 무엇을 보면 될까요? 바로 교과서의 목차입니다. 교과서의 목차는 상위 개념과 하위 개념을 포함하고 있고 이 상위 개념과 하위 개념 때문에 노트 정리를 할 때 들여쓰기를 합니다. 그러면 글의 구조가 한눈에 들어오죠. 다음은 과학 6-1의 4단원 '식물의 구조와 기능'의 목차입니다.

과학 6-1 4단원 목차

4. 식물의 구조와 기능

식물을 이루는 세포는 어떻게 생겼을까요?

뿌리의 생김새와 하는 일을 알아볼까요?

줄기의 생김새와 하는 일을 알아볼까요?

잎이 하는 일을 알아볼까요?

꽃의 생김새와 하는 일을 알아볼까요?

열매의 생김새와 하는 일을 알아볼까요?

식물의 구조와 기능이라는 단원명은 과학탐구 세부 목차를 모두 포괄하고 있습니다. 식물의 구조를 이해하면 왜 과학탐구의 목차가 위와 같이 제시되어 있는지 쉽게 알 수 있습니다. 식물은 뿌리, 줄기, 잎, 열매, 꽃으로 구성되어 있습니다. 그래서 과학탐구의 목차는 뿌리, 줄기, 잎, 열매, 꽃이 하는 일에 대해서 알아볼 수 있도록 되어있습니다. 실제로 단원의 학습 목표를 보더라도, '식물의 뿌리, 줄기, 잎, 꽃과 열매는 어떤 일을 할까요?'라고 제시되어 있습니다.

식물의 구성

상위 개념	하위 개념
식물	뿌리, 줄기, 잎, 열매, 꽃

그래서 아이가 노트 정리를 할 때도 이 상위 개념과 하위 개념을 활용하여 다음과 같이 정리할 수 있습니다. 노트에 선이 없다면, 다음 표처럼 선을 그어 좌측에는 핵심 단어(상위 개념), 우측에는 상위 개념을 설명하는 내용(하위 개념)을 정리합니다.

상위 개념과 하위 개념을 활용한 노트 정리

4단원	식물의 구조와 기능
학습 목표	식물은 어떤 부분으로 이루어져 있고 각 부분은 어떤 일을 할까?
1. 식물 세포	• 식물 세포의 구성 　－ 세포벽, 세포막, 핵 　　＊ 동물 세포 : 세포막, 핵(세포벽 ×)
2. 뿌리의 생김새와 기능	• 뿌리의 생김새 　－ … • 뿌리의 기능 　－ …

우측의 하위 개념도 더 하위 개념으로 정리해볼 수 있습니다. 식물 세포라는 상위 개념을 세포벽, 세포막, 핵이라는 하위 개념으로 정리가 가능합니다. 이런 상위 개념과 하위 개념을 구분하기 위해 들여쓰기를 합니다. 아이가 식물에 대해서 공부한다면, 바로 세포로 들어가 세포의 구성을 공부하는 것이 아니라 전체 목차를 통

해 식물의 기본 구성을 이해하는 것이 우선입니다. 그 이후 세포의 구성, 동물 세포와 식물 세포의 공통점과 차이점을 공부해야 아이가 식물에 대한 큰 그림을 머릿속에 가지고 자신이 공부할 내용을 스스로 추론해나갈 수 있습니다. 세부적인 내용에 집착하면 갑자기 내용이 생각나지 않을 때 추론할 수 있는 방법이 없습니다.

이번에는 사회 과목을 볼까요? 사회 5-1의 1단원의 세 번째 주제 학습인 '우리 국토의 인문환경'에 대해 살펴보죠. 우리 국토의 인문환경은 6개의 차시로 구성되어 있습니다.

사회 5-1 1단원의 목차

1단원. 국토와 우리 생활

---

1. 우리 국토의 위치와 영역

---

2. 우리 국토의 자연환경

---

3. 우리 국토의 인문환경

    1) 우리나라 인구 구성의 변화를 살펴봅시다.

    2) 우리나라 인구 분포의 특징을 알아봅시다.

    3) 우리나라 도시 발달의 특징을 알아봅시다.

    4) 우리나라의 산업 발달 모습을 살펴봅시다.

    5) 우리나라의 교통 발달 모습을 살펴봅시다.

    6) 인문환경의 변화에 따라 달라진 국토의 모습을 살펴봅시다.

노트 정리 핵심 스킬과 단계별 노트법

세 번째 주제학습의 핵심 단어를 하나만 고른다면 인문환경입니다. 인문환경이 상위 개념이라고 한다면, 하위 개념은 무엇일까요? 6개의 목차 중 핵심 단어를 찾아본다면, 인구 구성, 인구 분포, 도시 발달, 산업 발달, 교통 발달입니다. 여기서 인구 구성, 인구 분포는 인구에 대해서 다루고 있기 때문에 하위 개념을 간략히 정리해보면 다음과 같이 구성됩니다.

인문환경의 구성

상위 개념	하위 개념
인문환경	인구, 도시, 산업, 교통

아이에게 우리 국토의 인문환경에 대해서 이야기해보라고 했을 때, 아이는 인구, 도시, 산업, 교통에 관해 이야기를 하면 됩니다. 과일에 대해 말해보라고 했을 때, 사과, 포도, 딸기, 배 등을 말하는 것처럼 말이죠. 그래서 교과서에서도 생각 그물(162페이지 참조)을 통해 다음과 같이 인문환경을 정리하고 있습니다.

사회 6-1 2단원 '우리나라의 경제 발전'에는 경제 성장 과정에서 나타난 문제점과 문제점을 해결하기 위해 할 수 있는 일을 4가지 측면에서 분류해놓았는데요.(163페이지 참조) 생각 그물이 아니더라도 논리적으로 보여지는 그림이라면 어떤 형태로든 상관이 없습니다.

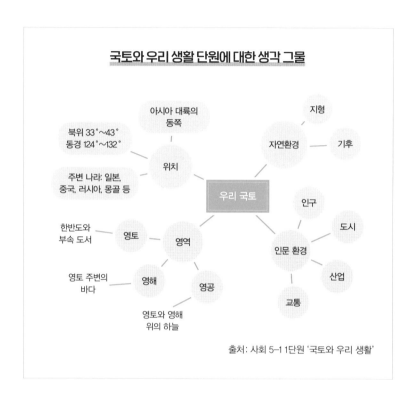

국토와 우리 생활 단원에 대한 생각 그물

출처: 사회 5-1 1단원 '국토와 우리 생활'

이처럼 내용을 상위 개념과 하위 개념으로 구분해보는 일은 아이가 노트 정리를 효과적으로 할 수 있는 방법입니다. 더 나아가 어려운 단어를 조금 더 쉽게 생각해볼 수 있는 디딤돌이 될 수 있습니다. 왜냐하면 상위 개념을 구체화해놓은 것이 하위 개념이기 때문입니다.

중학교 교육과정에서도 이런 요약 방법을 다루고 있습니다. 간단히 살펴보면 요약 방법은 크게 선택하기, 삭제하기, 일반화하기, 재구성하기가 있습니다. 선택하기는 핵심 내용을 찾는 것이고, 삭제하기

노트 정리 핵심 스킬과 단계별 노트법

는 글의 내용 측면에서 중요하지 않은 내용을 덜어내는 것입니다. 일반화하기는 하위 개념을 상위 개념으로 묶는 일이며, 재구성하기는 흩어져 있는 중심 내용을 묶는 것입니다. 이처럼 중학교에 들어가서는 학습 내용이 조금 더 체계화되기 때문에 초등학교 때부터 교과서의 내용을 잘 숙지한다면, 중학교 공부도 쉽게 적응할 수 있습니다.

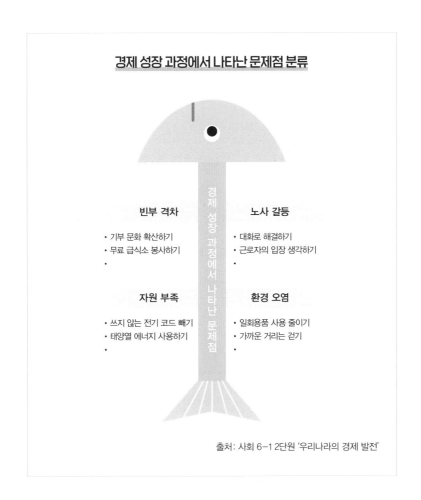

경제 성장 과정에서 나타난 문제점 분류

경제 성장 과정에서 나타난 문제점

빈부 격차
• 기부 문화 확산하기
• 무료 급식소 봉사하기
•

노사 갈등
• 대화로 해결하기
• 근로자의 입장 생각하기
•

자원 부족
• 쓰지 않는 전기 코드 빼기
• 태양열 에너지 사용하기
•

환경 오염
• 일회용품 사용 줄이기
• 가까운 거리는 걷기
•

출처: 사회 6-1 2단원 '우리나라의 경제 발전'

4 · 선과 도형을
활용한 씽킹맵

노트 정리의 최종 목적은 무엇일까요? 그건 바로 아이가 노트를 통해 교과서의 내용을 더 잘 이해할 수 있도록 돕는 것입니다. 그렇기 때문에 노트 정리를 할 때, 모든 내용을 글자로만 빽빽하게 채울 필요가 없습니다. 빽빽한 노트는 사실 나중에 볼 때도 이해하기 쉽지 않습니다. 어떻게 하면 좋을까요? 바로 선, 도형을 활용하여 글자로만 채워진 노트를 보기 쉽게 바꿔주는 것이죠. 바로 글자의 시각화입니다.

왜 씽킹맵일까?

이런 시각화 방법 중에 미국에서 오랫동안 학생들을 대상으로 활용

노트 정리 핵심 스킬과 단계별 노트법

된 씽킹맵Thinking Maps이라는 것이 있습니다. 씽킹맵은 데이비드 하이엘David Hyerle에 의해 1986년에 처음 구상되었고 미국 중학생들을 대상으로 사고 스킬을 가르치면서 개발되었습니다. 씽킹맵은 알버트 업튼Albert Upton 교수의 6가지 기본적인 인지 스킬을 바탕으로 합니다. 그건 바로 맥락 안에서 대상 정의, 묘사, 분류, 부분-전체의 공간적 추론, 순서, 유추입니다. 데이비드 하이엘은 이 6가지 스킬을 바탕으로 비교와 대조, 인과관계를 추가하여 총 8가지의 시각화 방법인, 써클맵Circle Map, 버블맵Bubble Map, 더블 버블맵Double-Bubble

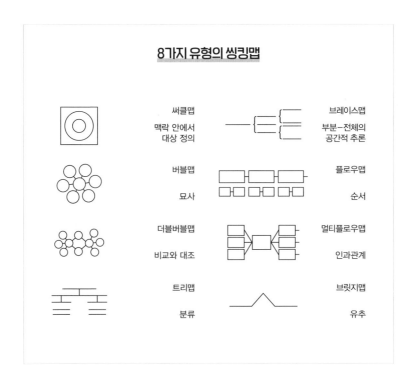

8가지 유형의 씽킹맵

써클맵 맥락 안에서 대상 정의	브레이스맵 부분-전체의 공간적 추론
버블맵 묘사	플로우맵 순서
더블버블맵 비교와 대조	멀티플로우맵 인과관계
트리맵 분류	브릿지맵 유추

Map, 트리맵Tree Map, 브레이스맵Brace Map, 플로우맵Flow Map, 멀티플로우맵Multi-Flow Map, 브릿지맵Bridge Map을 만들었습니다.

　이미 학교에서 생각 그물을 통해 아이들이 시각화하는 방법을 배우고 있지만 생각 그물이 다양한 유형의 사고를 시각화할 수 없어 만들어진 것이 씽킹맵입니다. 기본적으로 씽킹맵은 아이들이 좌뇌와 우뇌를 모두 활용하여 사고력을 높이는 데 중점을 두고 있습니다. 특히 우뇌를 활용해 아이들의 창의력을 높여줍니다. 씽킹맵은 미국을 중심으로 전 세계의 많은 학교에서 활용되고 있고 그 효과성도 검증된 도구죠. 그럼, 하나씩 살펴볼까요?

씽킹맵 ① 써클맵

먼저 **써클맵입니다.** 써클맵은 개념을 어떤 맥락 속에서 어떻게 정의할 수 있을지가 핵심으로 개념이나 용어를 정의할 때 활용합니다. 특히 어떤 개념에 대한 다양한 아이디어를 도출할 때 사용하면 좋습니다. 그래서 안쪽 원에는 개념(주제)을 적고 바깥 원에는 개념(주제)과 관련해 떠오르는 생각을 적습니다. 마지막으로 원과 네모 사이에는 아이들이 적은 생각들이 어떻게 나왔는지를 적습니다. 즉 어디서 보았거나, 누구한테 들었거나, 아니면 어떤 책에서 읽었는지를 적습니다.

　　노트 정리 핵심 스킬과 단계별 노트법

써클맵의 구성

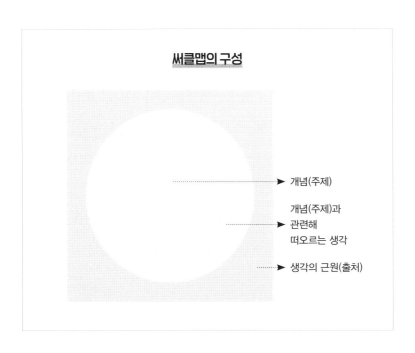

개념(주제)

개념(주제)과 관련해 떠오르는 생각

생각의 근원(출처)

씨름에 대한 써클맵

수업시간

신문기사

힘   기술

샅바

경기장

단원 김홍도   씨름   근육

황소

장사

조선시대   모래판

운동 관련 서적

씨름 경기 방송

예를 들어, 초등논술 5학년 책에 우리나라의 씨름과 스위스의 씨름인 쉬빙겐Schwingen에 대해 공통점과 차이점을 정리해보는 내용이 나오는데, 씨름과 관련해 써클맵을 만들어볼까요?(167페이지 참조) 다양한 생각들이 어디서 나왔는지를 적는 이유는 아이가 어떻게 그런 생각을 했는지를 확인해보기 위한 것입니다. 그래서 만약 아이가 생각의 폭이 좁다면 책, 신문 기사, TV 등 씨름에 대해 알 수 있는 방법을 알려주고 같이 이야기해보며 아이가 씨름에 대해 좀 더 폭넓은 사고를 할 수 있도록 도움을 줄 수 있습니다.

씽킹맵 ② 버블맵

다음은 버블맵입니다. 버블맵은 어떤 대상의 특징을 이야기할 때 사용합니다. 중앙에 있는 원에는 대상, 주변의 원에는 대상의 특징을 형용사로 적습니다. 버블맵은 마인드맵과 비슷하게 생겼지만 마인드맵은 계속 가지를 뻗어 나가는 형태라면 버블맵은 계속 뻗어 나가지는 않습니다. 또 마인드맵은 명사를 주로 사용하지만 버블맵은 특징을 묘사하기 때문에 형용사를 사용한다는 차이점이 있습니다.

국어 6-1(나)에는 〈제게 12척의 배가 있으니〉라는 이순신 장군에 관한 이야기가 나옵니다. 이 글을 읽고 이순신 장군의 특징을 버블맵으로 그려본다면 어떨까요?(169페이지 참조) 버블맵은 특히 국어

버블맵

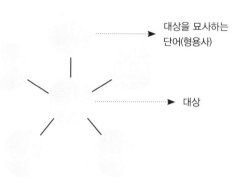

대상을 묘사하는
단어(형용사)

대상

이순신 장군에 대한 버블맵

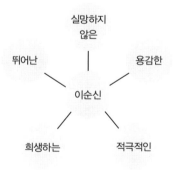

실망하지
않은

뛰어난   용감한

이순신

희생하는   적극적인

과목을 공부할 때 활용하면 좋습니다. 국어 교과서에 나오는 다양한 시나 이야기를 읽고 핵심 단어 혹은 주제에 대한 특징을 적다 보면 시나 이야기에 조금 더 친숙하게 다가갈 수 있습니다.

씽킹맵 ③ 더블 버블맵

세 번째는 더블 버블맵입니다. 버블맵 2개가 겹쳐져 있기 때문에 더블 버블맵이라고 합니다. 버블맵은 한 개 대상의 특징을 보여줄 때 사용하지만 더블 버블맵은 두 개의 대상에 대해 비교하거나 대조할 때 사용합니다. 그래서 두 개의 버블맵에 공통적으로 연결되어있는 원에는 공통점, 그렇지 않은 원에는 차이점을 적습니다.

　앞에서 이야기한 씨름과 쉬빙겐의 주요 특징만 가지고 더블 버블맵을 그려보면 다음과 같습니다.(171페이지 참조) 씨름은 경기 시간 2분에 체급을 달리해 반바지만 입고 경기를 합니다. 반면 쉬빙겐은 경기 시간의 제한이 없고 체중에 따른 구분이 없으며 긴 바지에 소매가 짧은 윗옷과 운동화를 신고 합니다. 하지만 씨름과 쉬빙겐은 공통적으로 모래판에서 3판2승제로 경기를 합니다. 더블 버블맵을 그릴 때 양 끝쪽에는 원이 서로 동일한 기준에서 차이가 나는 사항을 적으면 더 이해하기 쉽습니다. 좌측 중간의 원에 '반바지만 입음'을 적었다면 우측 중간의 원에는 지금처럼 '긴 바지에 소매가 짧은

더블 버블맵

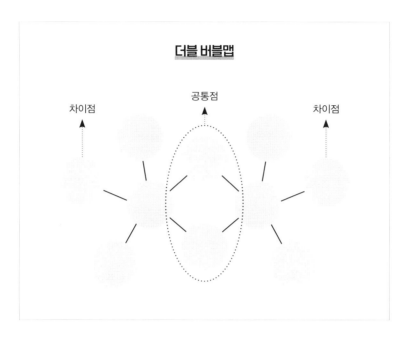

차이점   공통점   차이점

씨름과 쉬빙겐에 대한 더블 버블맵

윗옷 입음'을 적으면 더 이해하기가 쉽겠죠.

씽킹맵④ 트리맵

네 번째는 트리맵입니다. 트리맵은 어떤 주제나 대상을 어떻게 분류할 것인지에 초점을 맞춥니다. 예를 들어 자동차는 국산차와 수입차로 구분할 수 있습니다. 사람은 어떨까요? 성별에 따라 남자와 여자로 구분할 수 있겠죠. 이처럼 트리맵은 어떤 기준을 가지고 대상을 분류할 때 쓸 수 있습니다.

도덕 5의 5단원은 '갈등을 해결하는 지혜'입니다. 이 5단원의 4차시는 '공감하며 대화해요'입니다. 이 차시에는 갈등을 해결하기 위한 대화의 방법과 관련해 눈 맞춤, 말 맞춤, 손 맞춤, 마음 맞춤이라는 4가지 방법이 나옵니다. 이를 트리맵으로 그리면 어떻게 될까요? 다음 그림처럼 대화의 방법을 유형별로 분류해서 적은 다음, 각 유형에 대한 설명을 적으면 됩니다. 이런 유형은 기준에 따라 항상 바뀔 수 있습니다. 트리맵은 아이들이 글을 쓸 때도 활용할 수가 있는데요. 제일 위쪽 네모에는 주제, 중간 네모에는 아이디어, 그 다음 네모에는 아이디어에 대한 설명을 적어서 아이들이 글쓰기의 틀을 잡아볼 수 있습니다.

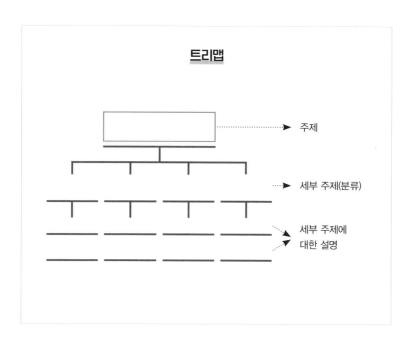

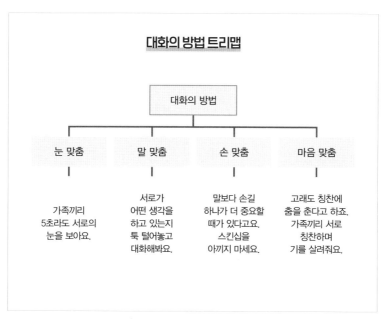

다섯 번째는 브레이스맵입니다. 브레이스맵은 트리맵을 시계 반대 방향으로 살짝 돌려놓은 형태입니다. 브레이스맵은 물리적 대상의 전체와 부분의 관계를 나타낼 때 활용합니다. 예를 들어, 시계(전체)와 시침과 분침(부분)의 관계 같은 것이죠. 브레이스맵은 계속해서 전체와 부분의 포함관계를 제시하기 때문에 세부 설명을 제시하지 않습니다.

예를 들어, 과학 6-1 4단원의 식물의 구조와 기능에 나오는 세포를 브레이스맵으로 표현한다면 어떻게 할 수 있을까요? 세포는 식물

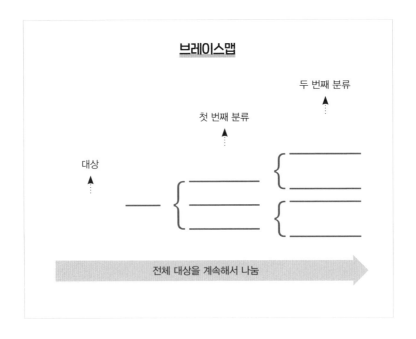

세포와 동물 세포로 구성되어 있는데, 이를 더 쪼개보면 식물 세포는 세포막, 세포벽, 핵, 동물 세포는 세포막, 핵으로 나눌 수 있습니다.

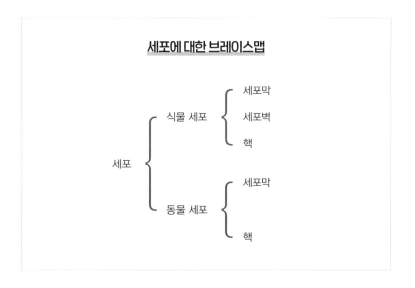

씽킹맵 ⑥ 플로우맵

여섯 번째는 플로우맵입니다. 플로우맵은 사건의 흐름, 일의 절차나 단계를 나타낼 때 사용합니다. 씽킹맵의 플로우맵은 크게 두 개의 영역으로 구분할 수 있습니다. 한 영역은 큰 네모가 있는 부분으로 일반적인 단계, 절차를 제시합니다. 다른 영역은 작은 네모가 있는 부분으로 큰 네모의 단계나 절차를 쪼개서 나타낼 때 사용할 수

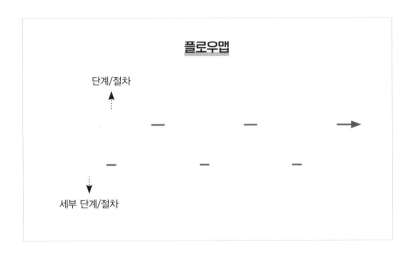

있습니다.

국어 6-1(가) 2단원 '이야기를 간추려요'에는 이야기의 구조에 대해 나옵니다. 이야기의 구조는 발단, 전개, 절정, 결말로 되어있는데, 이런 이야기의 흐름을 정리할 때 플로우맵을 그려볼 수 있습니다. 만약 각 이야기의 구조에 세부 단계가 있다면 앞서 봤던 플로우맵의 작은 네모들을 넣어서 만들 수도 있습니다.

이 플로우맵을 조금 변형해보면, 다음 그림처럼 각 단계에 대한 세부 내용을 정리할 수도 있습니다. 즉 발단, 전개, 절정, 결말이 무엇인지를 간략히 적어볼 수 있습니다.

과학 과목에서도 플로우맵을 사용할 수 있는데, 과학 6-1의 1단원 '과학자처럼 탐구해 볼까요?'에는 탐구 요소가 나옵니다. 탐구 요소는 문제 인식, 가설 설정, 변인 통제, 자료 변환, 자료 해석, 결론 도출입니다. 이 탐구 요소는 실험을 하기 위한 단계로 플로우맵을 만들 수 있습니다.

각 단계별로 교과서에 제시된 빵 반죽이 발효되지 않는 이유에 대한 탐구 문제를 정리한다면 다음 그림처럼 플로우맵을 세로형으로 만들어 좌측에는 단계, 우측에는 탐구 문제를 적어서 정리해볼 수 있습니다.

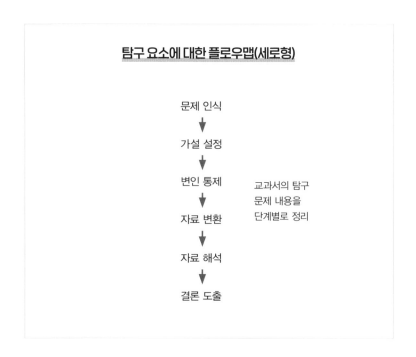

씽킹맵 ⑦ 멀티 플로우맵

일곱 번째는 멀티 플로우맵입니다. 멀티 플로우맵은 인과관계를 제시할 때 사용합니다. 그래서 좌측 네모에는 사건의 원인, 가운데에

노트 정리 핵심 스킬과 단계별 노트법

는 사건(일), 우측 네모에는 사건의 발생에 따른 결과(영향)를 적습니다.

사회 4-2의 3단원 '사회 변화와 문화의 다양성'에는 사회 변화로 나타난 일상생활의 모습에 대한 주제 학습이 나옵니다. 저출산, 고령화, 세계화를 다루고 있는데요. 세계화를 가지고 멀티 플로우맵을 만들어 볼 수 있습니다. 교과서에는 세계화를 '교통, 통신 수단이 발달하면서 세계 여러 나라들이 다양한 분야에서 교류하고 가까워지는 것'이라고 말합니다. 이 정의를 보면, 교통, 통신 수단의 발달은 세계화에 영향을 미치는 요인으로 볼 수 있습니다. 세계화로 인해 나타난 결과나 효과는 다음의 아래쪽 그림(180페이지 참조)처럼 정리할 수 있습니다.

결과나 효과를 정리할 때도 긍정적 효과와 부정적 효과로 나눠서 정리하면 좋습니다. 만약 아이가 멀티 플로우맵을 그렸는데, 효과 칸에 긍정이나 부정 중 한쪽으로 치우친 내용만 적었다면 아이에게 다른 측면에서 생각해볼 수 있도록 도와주어 아이가 균형 잡힌 생각을 할 수 있습니다. 조금 더 연습해보고 싶다면, 교과서에 나온 저출산, 고령화, 정보화를 가지고 멀티 플로우맵을 만들어보세요.

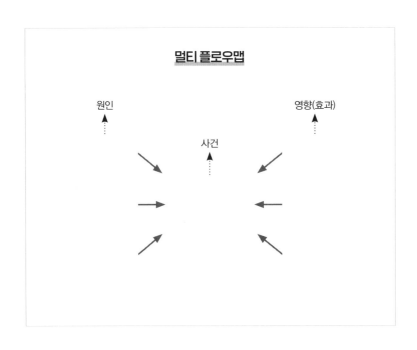

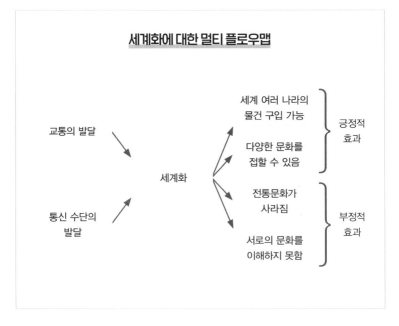

노트 정리 핵심 스킬과 단계별 노트법

마지막으로 브릿지맵입니다. 브릿지맵은 두 단어의 관계를 바탕으로 다른 두 단어의 관계를 유추할 수 있는 맵입니다. 그래서 브릿지맵은 다음 그림처럼 선을 중심으로 위와 아래에 두 단어를 적을 수 있게 되어 있습니다. 브릿지맵은 어떻게 활용할 수 있을까요? 대상 A가 사과이고 대상 A와 관련한 내용이 빨강이라면, 과일의 색에 대한 내용입니다. 그러면 다른 대상 B가 바나나라면 대상 B와 관련한 내용은 무엇일까요? 유추해보면, 사과-빨강은 과일의 색에 관련한 내용이므로 노랑이라는 것을 알 수 있습니다.

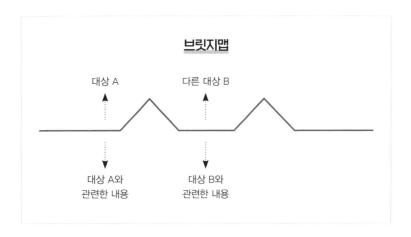

국어 4-1(나) 6단원에는 '회의 절차와 참여자 역할 익히기'와 관련한 내용이 나옵니다. 예를 들어, 브릿지맵 상단에 사회자, 회의 참

여자, 기록자가 적혀있고, 사회자의 하단에 회의 절차 안내가 적혀 있다면, 회의 참여자, 기록자에는 어떤 내용이 들어가야 할까요? 사회자(대상)와 회의 절차 안내(역할)의 관계를 바탕으로 회의 참여자, 기록자의 하단에 들어갈 내용을 다음 그림처럼 적을 수 있습니다.

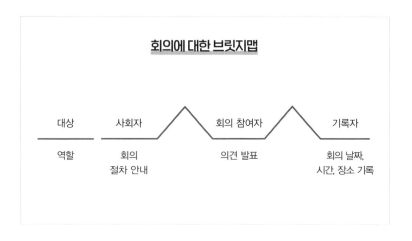

또 다른 예를 들어볼까요? 사회 4-1 2단원 '우리가 알아보는 지역의 역사'의 '우리 지역의 역사적 인물에 대한 주제학습'에는 '우리나라 화폐에 있는 인물은 어느 지역 출신일까'라는 내용이 있습니다. 여기에는 화폐별로 들어가 있는 인물의 초상화에 대한 내용이 있는데, 이를 브릿지맵으로 정리해볼 수 있습니다.(183페이지 참조) 천 원-이황의 관계는 화폐의 인물에 대한 내용이기 때문에 오천 원에는 이이, 만 원에는 세종대왕을 적을 수 있습니다.

노트 정리 핵심 스킬과 단계별 노트법

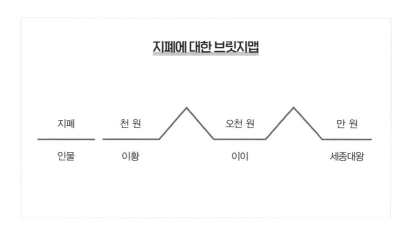

또 다른 시각화 방법은 무엇이 있을까?

지금까지 살펴본 씽킹맵을 통해 노트 정리를 쉽게 할 수 있습니다. 씽킹맵뿐만 아니라 다른 방법으로도 정리할 수 있는데 몇 가지만 더 소개하겠습니다. 국어 4-1(가) 2단원 '내용을 간추려요'에는 정리하는 몇 가지 방법이 나옵니다. 하나는 공통점과 차이점을 정리하는 방법입니다. 다람쥐와 청설모의 공통점과 차이점을 두 개의 원을 가지고 정리할 수 있습니다.(184페이지 참조)

또 다른 방법은 시간의 흐름에 관한 내용입니다. 시간의 흐름을 다음 하단의 그림(184페이지 참조)처럼 수직 화살표 형태로 정리할 수 있습니다. 수평 화살표 형태로 정리해도 문제가 없습니다.

이외에 동그라미와 세모를 활용해 어떤 요소를 간단하게 정리해

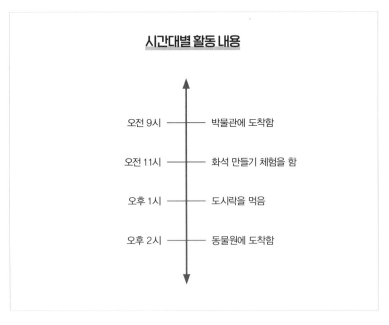

볼 수도 있습니다. 앞서 이야기했던 한 나라의 영역에 관한 내용을 정리하면 다음과 같습니다. 아이들에게는 동일한 내용도 다양한 형태로 정리해보게 함으로써 아이의 창의력을 높일 수 있습니다. 노트 정리는 아이들의 성향에 따라 다 다를 수 있기 때문에 다양한 방법으로 시도해보는 게 좋습니다.

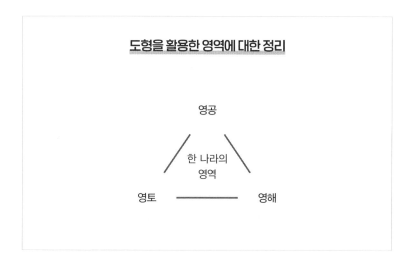

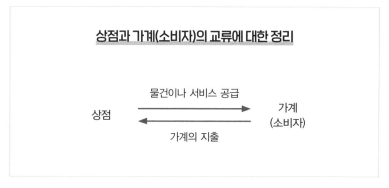

또 다른 방법은 무엇이 있을까요? 사회 6-1 2단원 '우리나라의 경제 발전'에는 가계와 기업의 경제적 역할에 대한 내용이 나오는데요. 상점과 가계(소비자) 간의 교류에 대한 내용만 간단히 정리해보면 앞쪽 하단 그림(185페이지 참조)과 같습니다. 화살표를 통해 두 대상이 무엇을 주고 받는지를 보여주는 것이죠.

같은 교과서의 경제 성장에 관한 내용 중에 전화의 보급에 관한 내용이 있습니다. 연도별로 전화가 얼마나 보급되었는지에 대한 내용인데요. 이런 시간의 흐름에 대해서 아래와 같이 정리해볼 수 있습니다. 좌측에는 블록화살표를 그리고 우측에는 세부 내용을 적습니다.

전화의 보급에 관한 정리

1953년	• 전화 가입자 25,000여 명
1970년	• 전화 회선 93만 대 • 국민 100명당 전화 2대
1987년	• 전화 1,000만 회선 돌파 • 1가구 1전화 시대 돌입
1990년	• 전화 1,500만 회선 돌파 • 국민 100명당 전화 35대
1993년	• 전화 2,000만 회선 돌파 • 1가구 2전화 시대 돌입

노트 정리 핵심 스킬과 단계별 노트법

5 ∘ 기호, 한눈에 볼 수 있는
효율적 정리 수단

사회 4-1 1단원 '지역의 위치와 특성'에는 지도에 있는 기호에 대한 내용이 나오는데요. 지도에 왜 기호를 사용할까요? 교과서에는 기호에 대해 '학교, 우체국, 병원 등을 지도에 간단히 나타내는 표시'라고 정의하고 있습니다. 여기서 핵심은 뭘까요? '간단히'입니다.

지도에 모든 정보가 글자로만 되어있다고 생각해보세요. 학교, 우체국, 병원 등이 지도에 글자로 표시되어 있다면 어떨까요? 지도를 보고 내가 알고자 하는 정보를 한눈에 알 수가 없겠죠. 노트 정리할 때도 마찬가지입니다. 조금 더 쉽게, 빠르게 내용을 이해하기 위해서 기호를 사용합니다.

영국의 저명한 수학자이자 철학자인 알프레드 노스 화이트헤드 Alfred North Whitehead는 "좋은 표기법은 불필요한 일로부터 뇌를 구해줘 사람들이 더 고도화된 문제에 집중하도록 하고 정신력을 강하게 만들어준다."라고 말했습니다.[*] 3×5를 쓸 때, '×' 기호가 없었다면 어땠을까요? 매우 복잡해지겠죠. 만약 저 기호가 없었다면 3×5×5×6×7×8이라는 것을 표시할 때 우리는 엄청난 양의 글을 써야 합니다. 그만큼 기호를 잘 활용한다면 아이들의 공부량을 줄여줄 수 있을 뿐만 아니라 효과적으로 할 수 있게 해주죠.

노트 정리 시 사용되는 기호는 다음 표에서처럼 많습니다. 이런 기호는 중·고등학교에서도 보편적으로 사용되는 기호입니다. 이런 기호 외에도 자신만의 기호를 만들어 노트 정리를 할 수도 있습니다.

노트 정리 시 사용되는 기호와 의미

기호	의미	기호	의미
= , ≠	같다, 다르다	(+), (−)	장점, 단점
≒	비슷하다	~	~이후/이전, ~에서 ~까지
○ , ×	맞다, 아니다	:	뜻, 의미
↑ , ↓	높음, 낮음	*	보충 설명
↗ , ↘	증가(상승), 감소(하락)	{ , }	같은 항목 묶음
→	선후관계(순서)	cf	비교(참조)
⇒	인과관계, 문제점과 해결방안	多/大, 少/小	많다/크다, 적다/작다

● Alfred N. Whitehead(1911), 《An introduction to mathematics》, New York: Henry Holt, 43.

노트 정리 핵심 스킬과 단계별 노트법

↕	변화	ex), 예)	예시
☆	중요, 강조	p	페이지(쪽)
※	중요, 주의사항	&, +, /	그리고
∴ , ∵	따라서, 왜냐하면	Q, A	질문, 대답
↔	대조(반대)	!	새롭게 알게 된 내용
< , >	~보다 크다, 작다	?	잘 모르는 내용
⊂	포함하다	vs	~대(비교 대상)

　공부량이 많아지는 중·고등학교에 가서는 이런 기호를 많이 사용해 노트 정리합니다. 하지만 초등학교에서는 상대적으로 노트 정리할 기회가 많지 않아 잘 사용하지 않습니다. 그런데 이런 기호를 초등학교 때부터 알아두고 노트 정리할 때 사용하면 크기가 한정된 노트에 자신이 원하는 내용을 마음껏 적을 수 있습니다.

　다음은 각 기회의 활용에 대한 예시입니다. 가능한 교과서에 있는 내용을 중심으로 작성했는데, 이렇게 기호를 활용하여 아이들이 효율적으로 노트 정리를 하는 연습을 하면 좋습니다. 노트 정리는 공부가 아니라 공부를 위한 과정이기 때문에 너무 많은 시간을 소모하면 안 되기 때문입니다.

기호 활용 예시 ①

기호	의미
= , ≠	100000000＝1억, 1만 원의 10배≠100만 원
≒	정리≒정돈 – 정리: 흐트러지거나 혼란스러운 상태에 있는 것을 한데 모으거나 치워서 질서 있는 상태가 되게 함 – 정돈: 어지럽게 흩어진 것을 규모 있게 고쳐 놓거나 가지런히 바로잡아 정리함
○ , ×	사실: 실제로 일어난 일(○)
↑ , ↓	인구밀도↑, 65세 이상 노년층 인구 비율↓
╱ , ╲	• 온도╱, 인구╲
→	토의 주제 정하기→의견 마련하기→의견 모으기→의견 결정하기
⇒	• 온도╱ ⇒ 기체 부피大, 온도╲ ⇒ 기체 부피小 • 일회용품 사용의 증가로 쓰레기가 늘어남⇒분리배출 권장(문제점–해결방안)
↕	1시간 동안 교통수단별 이동거리 　　　　기차　자동차　버스　배　자전거 길다 ◄─────────────────────► 짧다
☆	☆ 중요하지 않은 내용 삭제하기
※	※ 관련 있는 사건은 하나로 묶기
∴ , ∵	• 수원화성은 일제 강점기를 거치면서 성곽 일대가 훼손되기 시작, 6.25 전쟁 때 수원화성이 크게 파괴됨 　∴ 수원 화성은 원래의 모습을 잃음 • 수원 화성은 여러 위기를 거치면서 원래의 모습을 잃음 　∵ 일제 강점기를 거치면서 성곽 일대가 훼손됨, 6.25 전쟁 때는 크게 파괴됨
↔	촌락↔도시
< , >	인구수: 프랑스(6천7백만 명)<인도(12억 8천2백만 명)
⊂	남자 ⊂ 사람

기호 활용 예시 ②

기호	의미
(+), (−)	• 세계화의 장점과 단점 (+) 세계 여러 나라의 물건 구입 가능, (−) 전통문화가 사라짐
~	• 1950년 이후→1950년~, 2010년~2020년
:	• 화석: 옛날에 살았던 생물의 몸체와 생물이 생활한 흔적이 남아 있는 것
*	• 소송*을 제기했다. *소송: 재판으로 판결을 내려줄 것을 법원에 요구하는 제도
{ , }	식물 세포 { 세포막 / 세포벽 / 핵
cf	• 퇴적암은 이암, 사암, 역암으로 분류 cf) 알갱이의 크기에 따라 분류할 수도 있음
多/大, 少/小	• 인구多, 인구少, 부피大, 부피小
ex), 예)	• 다수결의 원칙을 사용하는 사례에 대한 정리 예) 일상생활에서의 의사 결정, 선거로 대표 결정, 학급 회의로 안건 결정
p	p. 165
&, +, /	• 사과 + 나무 = 사과나무, 검다 + 붉다 = 검붉다
Q, A	Q) 하루 동안 달의 위치가 달라지는 까닭은? A) 지구의 자전 때문에
!	• 하루 동안 달의 위치가 달라지는 까닭은 지구의 자전(!) 때문임
?	• 삼각형의 세 각의 크기의 합 = 180°
vs	• 사실 vs. 의견

6 ∘ [1단계] 코넬식 노트법: 구조×논리

MBC 〈공부가 머니?〉라는 프로그램에서 코넬식 노트 정리법이 소개된 적이 있습니다. 이 노트법이 뭐길래 공부와 관련한 이 프로그램에서 소개가 되었을까요? 코넬식 노트법은 세계적으로 가장 많이 알려진 노트 필기법 중 하나입니다. 코넬대학교의 교수인 월터 포크 Walter Pauk가 1950년대에 개발했는데요. 사실 시중에 판매되고 있는 노트의 대부분이 코넬식 노트 형태로 구성되어 있습니다. 이 노트는 어떻게 구성되어 있을까요? 크게 3부분으로 구성되어 있습니다. 좌측의 단서 칸, 우측의 노트 정리 칸, 하단의 요약 칸입니다.

각 부분에는 어떤 내용을 적을까요? 먼저 수업 중에는 노트 정리 칸을 활용합니다. 선생님의 말씀이나 PPT 자료의 내용을 적습니다. 수업 전에 이 칸에다 미리 수업 내용을 정리해볼 수도 있습니다. 꼭 수업을 듣지 않더라도 스스로 학습을 하고 있다면 교과서를 보

노트 정리 핵심 스킬과 단계별 노트법

고 이 칸에 내용을 정리합니다.

수업이 끝난 후에는 어떻게 해야 할까요? 노트법의 핵심 중 하나는 수업 후에 노트를 얼마나 활용하느냐인데요. 학창 시절을 떠올려보면 대부분의 아이들이 남들이 노트 필기를 하니까 따라하지만 수업 후에 노트를 다시 보지 않는 경우가 많습니다. 아니면 시험 때나 한 번 보죠. 그렇게 하면 노트 필기의 효과가 많이 사라집니다.

그래서 수업이 끝난 후에는 단서 칸에 질문이나 핵심 단어를 적습니다. 수업 중 노트 필기 때 핵심 단어가 목차에 제시되는 경우가 많기 때문에 질문을 적어보면 좋습니다. 질문을 통해 필기 내용을 스스로 생각해볼 수 있기 때문입니다. 그래서 노트 필기 내용 중 핵심 단어를 찾아보고 해당 단어를 가지고 질문을 만들어보는 게 중요하죠. 질문을 만들다 보면 시험 공부를 할 때도 좋은데요. 노트 정리 칸의 내용을 가리고 질문한 내용에 대한 답을 스스로 해볼 수도 있기 때문입니다. 특히 앞서 이야기한 5W1H를 활용한 구체화 질문을 이 칸에 정리하면, 공부의 효과를 더 높일 수 있습니다.

코넬식 노트의 구성

단서 칸(Cue Column)	노트 정리 칸(Note-taking Column)
요약 칸(Summary Column)	

사례 제시

단서 칸	노트 정리 칸
영역이란 무엇인가?	1. 영역 –
영역은 어떻게 구성되어 있는가?	2. 영역의 구성 –

마지막으로 요약 칸입니다. 노트 필기한 내용을 2~3문장으로 짧게 정리해보는 칸인데요. 요약이 중요한 이유는 아이가 스스로 생각을 정리할 수 있는 역량을 키워주고 아이만의 언어로 배운 내용을 다시 정리해볼 수 있기 때문입니다. 공부에서 가장 중요한 건 항상 자신의 생각을 표현하는 것인데 이 요약 칸을 통해 자신의 생각을 자신의 언어로 표현해봅니다. 이런 반복 학습을 통해 아이는 공부한 내용을 조금이라도 오랫동안 기억할 수 있습니다.

코넬식 노트는 이렇게 3부분으로 구성되어 있고 코넬식 노트를 활용하는 방법은 총 5단계4R1Q 로 되어있습니다.

코넬식 노트 활용 5단계

✔ 기록Record   ✔ 질문Questions   ✔ 암기Recite

✔ 숙고Reflect   ✔ 복습Review

첫 번째 기록은 앞서 이야기했듯이 수업 중 노트 필기를 하는 단계입니다. 두 번째는 수업 종료 후 질문을 생각해보는 단계입니다. 세 번째는 암기로 노트 필기 칸의 내용을 가리고 질문에 대한 답을 해보는 단계입니다. 네 번째는 숙고로 질문에 대해 스스로 답한 것을 생각해보는 단계입니다. '이 내용이 왜 중요한가?', '이 내용을 어디에 어떻게 적용해볼 수 있을까?', '이 내용의 기본 원리는 무엇인가?', '기존에 내가 알고 있던 것과 어떻게 연결시킬 수 있을까?' 등 끝없이 스스로 질문해보는 것이죠. 마지막으로 복습은 노트 필기한 내용을 정기적으로 읽어보는 것입니다. 이를 통해 단기 기억에 머물고 있는 지식을 장기 기억으로 옮길 수 있습니다.

코넬식 노트 필기 사례

다음은 국어 5-1(나) 6단원 '토의하여 해결해요' 내용 일부를 코넬식 노트법을 적용해 정리해봤습니다. 좌측에는 교과서 내용에 대해 스스로 점검해보거나 생각해볼 수 있는 질문들을 적고 우측에는 교과서 내용이 적혀있죠. 아래쪽에는 교과서 내용 중 중요하다고 생각되는 내용을 간략히 정리했습니다.

국어 5-1(나) 6단원 '토의하여 해결해요'의 코넬식 노트 필기

6단원	토의하여 해결해요
학습 목표	토의 절차와 방법은?

토의는 무엇인가?	1. 토의
토의는 무엇을 하는가?	• 어떤 문제를 여러 사람이 협력해 해결하는 방법
토의는 누가 참여하는가?	

토의 절차는?
절차별 방법은?
토의 주제로 알맞은 것은?
의견 모을 때 지켜야 할 사항은?
의견 판단의 기준은?

2. 토의 절차와 방법

토의 절차	토의 방법

토의
주제
정하기
	• 토의하고 싶은 주제를 자유롭게 이야기하기
	• 토의 주제로 알맞은지 판단하기
	  −우리 모두와 관련이 있는 주제
	  −해결 방법을 찾을 수 있는 문제
	  −우리가 변화를 이끌어낼 수 있는 주제

의견 마련하기	• 토의 주제 결정하기 • 토의 주제에 맞게 자신의 의견 쓰기 • 그 의견이 좋은 까닭 쓰기

의견
모으기
	• 친구들과 의견 주고받기
	  −알맞은 까닭 듣기, 다른 사람의 의견 존중하며 듣기, 다른 사람의 의견 끝까지 듣고 자신의 의견 말하기, 토의 주제와 관련한 이야기하기
	• 각 의견의 장단점 찾기
	• 의견이 알맞은지 판단할 기준 세우기
	  −토의 주제에 맞는 내용인지?
	  −알맞은 주장과 근거를 들었는지?
	  −실천할 수 있는지?

의견 결정하기	• 기준에 따라 의견이 알맞은지 판단하기 • 기준에 따라 가장 알맞은 의견으로 결정하기

• 토의는 사람들이 모여서 문제를 해결하는 방법
• [토의 절차] 토의 주제 정하기 → 의견 마련하기 → 의견 모으기 → 의견 결정하기
• 토의 주제는 ①참가자와 관련이 있고, ②해결 방법을 찾을 수 있고, ③변화를 이끌어 낼 수 있어야 함
• 의견이 알맞은지는 ①토의 주제에 맞는지, ②주장과 근거가 있는지, ③실천할 수 있는지를 본다

7 ∘ [2단계] 마인드맵: 좌·우뇌를 통한 생각 확장

마인드맵은 영국의 토니 부잔Tony Buzan이 개발한 생각 정리법으로 좌뇌와 우뇌를 모두 사용하게 하는 방법입니다. 보통 좌뇌는 논리, 분석, 순서, 숫자, 언어 등을 담당하며, 우뇌는 상상, 공상, 공간 인식, 색상, 크기 등을 담당합니다. 그런데 많은 정리법들은 좌뇌에 중점을 두고 있습니다. 앞서 본 코넬식 노트법도 좌뇌 중심이죠.

그래서 마인드맵은 크게 3가지로 구성되어 있는데요. 중심 이미지, 가지, 이미지와 단어입니다. 중심 이미지는 주제를 나타내는 그림이며, 가지는 논리적으로 사고를 확장시킬 수 있도록 나뭇가지처럼 주가지, 부가지, 세부가지로 구성되어 있습니다. 그래서 마인드맵은 방사형 구조를 가지고 있습니다. 마지막으로 이미지와 단어는 하나의 가지마다 표시합니다.

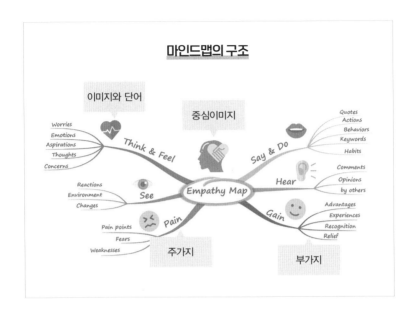

이런 마인드맵은 7가지 원칙이 있습니다. 첫 번째는 노트 중앙에서 중심 이미지(주제) 작성입니다. 마인드맵은 생각의 확장이 중요하기 때문에 노트를 가로로 놓고 아이가 자신의 생각을 마음껏 펼치도록 하는 것이 중요합니다. 두 번째는 이미지(그림) 사용입니다. 글자와 이미지는 엄연히 다릅니다. 물이라는 글자를 보고 어떤 아이는 파도처럼 물결을 표시할 수도 있고, 어떤 아이는 수도꼭지에서 물이 떨어지는 모습으로 표현할 수도 있습니다. 하나의 글자는 우리가 생각한 것보다 다양한 이미지로 나타낼 수 있습니다. 이는 논리적 사고를 벗어나 창의적 사고를 촉진시켜 줍니다. 뿐만 아니라 이미지를 사용하기 때문에 재미있습니다.

노트 정리 핵심 스킬과 단계별 노트법

세 번째는 색깔의 사용입니다. 너무 많은 색은 노트를 혼란스럽게 하지만 적절히 색깔을 사용하여 정리하는 것은 뇌를 자극시킵니다. 개인적으로는 5개 내외의 색깔을 사용하는 것이 좋다고 생각합니다. 색깔을 너무 많이 사용하다 보면 노트 정리의 본질보다 꾸미는 데에 집중할 수 있기 때문입니다. 네 번째는 중심 이미지에서 주가지, 부가지, 세부가지 순으로 계속 가지를 뻗어 나가는 것입니다. 마치 뇌의 신경세포 구조처럼 말이죠. 이렇게 가지를 계속 뻗어나가다 보면, 어느 순간 자신도 모르게 생각이 확장되며 생각이 정리됩니다. 특히 가지를 뻗어나갈 때는 주가지는 굵게 세부가지로 갈수록 얇게 그립니다.

다섯 번째는 가지를 그릴 때는 직선보다 곡선을 활용합니다. 직선은 너무 딱딱하고 지루하기 때문입니다. 딱딱한 직선을 벗어나 자유로운 곡선을 통해 기존의 사고에서 벗어나보는 것이죠. 여섯 번째는 문장보다는 단어를 사용합니다. 마인드맵은 이미지와 핵심 단어를 통해 생각을 촉진시킬 뿐만 아니라 촉발시키는 것을 목적으로 합니다. 긴 문장은 이미지와의 연결을 방해하고 기억에도 부정적인 영향을 미칩니다. 핵심 단어 또한 가능한 한 단어로 정리합니다. 마지막으로 화살표나 연결선을 활용합니다. 마인드맵을 작성한 후에는 관련 있는 내용에 대해서는 화살표나 연결선을 그려서 마무리하면 좋습니다. 다음은 이런 원칙에 따라 국어 5-1(나) 6단원 '토의하여 해결해요'를 마인드맵으로 작성한 것인데요. 앞서 글자로만 정리되어 있는 것보다 더 쉽게 느껴지죠?

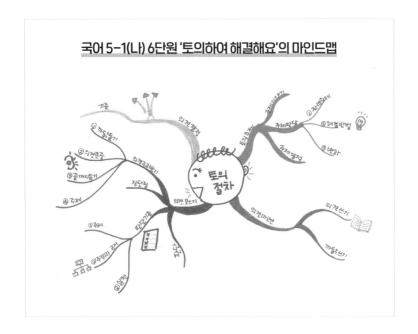

노트 정리 핵심 스킬과 단계별 노트법

8 ∘ [3단계] 상상노트: 나만의 스토리 그리기

앞서 코넬식 노트법, 마인드맵을 살펴봤는데요. 이번에는 상상노트에 대해 살펴보려고 합니다. 상상노트는 특별한 방법이 있는 건 아닙니다. 아이가 교과서의 내용을 자신만의 관점이나 방법으로 자유롭게 정리하는 것이 핵심입니다. 다만 두서없는 영화가 아닌 스토리가 있는 영화처럼 정리해야 합니다. 즉 노트 정리를 했다면 왜 그런 식으로 정리했는지, 정리한 내용을 자신만의 스토리로 설명할 수 있어야 하는 것이죠.

국어 5-1(나) 6단원 '토의하여 해결해요'를 한 아이가 정리한 사례입니다. 앞의 코넬식 노트법, 마인드맵으로 정리한 내용과 어떤 차이가 있을까요? 교과서의 핵심 내용은 앞의 정리한 것처럼 들어가 있지만 이를 표현하는 방식이 다릅니다. 완두콩 모양으로 토의 절차와 방법을 표현했는데요.

국어 5-1(나) 6단원 '토의하여 해결해요'의 상상노트

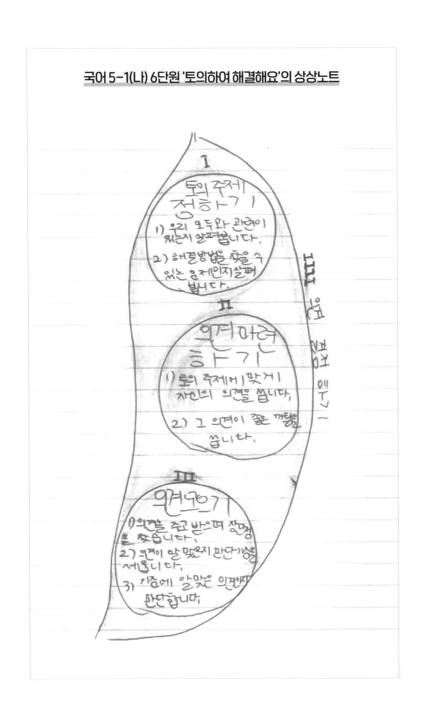

노트 정리 핵심 스킬과 단계별 노트법

'토의 질차는 4단계로 되어있는데, 왜 3단계 의견 모으기까지만 껍데기 속 완두콩으로 표현했을까?' 이런 생각이 들지 않나요? 곰곰이 생각해보면, 의견 결정하기는 최종적인 결과이기 때문에 완두콩 껍데기에 의견 결정하기를 적어놓은 것임을 알 수 있습니다. 아이만의 상상력이 결합되어 나온 노트 정리라고 할 수 있습니다. 이런 상상노트는 누구나 가능합니다. 여러분의 주위의 나무, 식물, 제품, 건물 등에 대해 평소 잘 관찰해서 특징을 잘 알고 있다면 말이죠.

또 다른 사례를 볼까요? 다음은 5 -1(나) 8단원에 있는 '겪은 일을 떠올리며 글 읽기'와 관련된 내용을 정리한 내용입니다. 이 단원에는 책 선생님이 나와서 다음과 같이 겪은 일을 떠올리며 글 읽기와 관련된 내용을 설명해주고 있습니다.

"자신이 겪은 일을 떠올리며 글을 읽으면 글 내용을 더 쉽고 깊이 있게 이해할 수 있어요. 그리고 같은 글을 읽더라도 겪은 일이 서로 다르기 때문에 흥미를 느끼는 부분이 서로 다를 수 있어요."

이 내용을 정리한다면, 어떻게 해볼 수 있을까요? 간단히 생각하면 논리적으로 겪은 일을 서로 떠올리며 글을 읽었을 때의 장점을 2가지로 정리하면 됩니다. 하지만 조금 더 재미있게 자신만의 방법으로 이를 정리해볼 수도 있겠죠. 만화책처럼 그림을 그려서 정리해볼 수도 있습니다. 물론 이렇게 만화처럼 정리하는 게 시간이 많이 걸릴 수 있지만 아이가 이런 방면으로 흥미를 가지고 재능이 있다면 이를 더 부각시켜 교과서 내용을 정리해볼 수도 있지 않을까요? 노트 정리에는 정답이 없으니까요.

국어 5-1(나) 8단원 '겪은 일을 떠올리며 글 읽기'의 상상노트

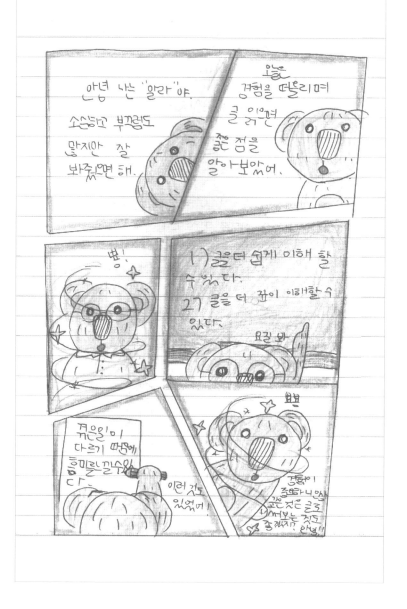

상위 1%로 가는
과목별
초등 노트 정리법

1 ◦ [국어] 글의 유형별 구조 이해와 주제 파악하기

국어는 우리말임에도 불구하고 아이들이 가장 어려워하는 과목 중의 하나입니다. 수학만큼이나 성적이 쉽게 올라가지 않습니다. 왜냐하면 국어는 듣기, 말하기, 읽기, 쓰기, 문법, 문학이 포함되어 통합적인 공부가 필요하기 때문입니다.

게다가 앞서 이야기했듯이 영상과 이미지에 익숙해져 점점 문해력이 떨어진 것도 이유 중 하나입니다. 국제학업성취도평가PISA 결과 추이를 보면, 우리나라의 평균 점수와 순위는 2006년 이후 지속적으로 하락하는 것을 볼 수 있습니다. 이 평가는 만 15세 학생의 읽기, 수학, 과학 소양의 성취 수준을 파악합니다.

모든 공부의 기본인 국어는 어떤 식으로 노트 필기를 해야 할까요? 기본적으로 국어는 쓰기, 듣기, 말하기를 통해 아이가 자신의 생각을 표현하며 다른 사람과 소통할 수 있는 것이 목표입니다. 이

PISA 읽기 영역 평균 점수 및 순위 추이

연구 주기 참여국 수 (OECD 회원국 수)		PISA 2000 43개국 (28개국)	PISA 2003 41개국 (30개국)	PISA 2006 57개국 (30개국)	PISA 2009 75개국 (34개국)	PISA 2012 65개국 (34개국)	PISA 2015 72개국 (35개국)	PISA 2018 79개국 (37개국)
평균 점수		525	534	556	539	536	517	514
순위	OECD	6	2	1	1~2	1~2	3~8	2~7
	전체	7	2	1	2~4	3~5	4~9	6~11

출처: e-나라지표

를 위해 읽기, 문법, 문학 등에 대한 사항을 공부합니다.

여기서 읽기가 핵심입니다. 교과서에 나오는 다양한 유형의 글을 읽고 글의 구조, 중심 문장을 파악해 글을 요약하는 것이 중요합니다. 수업 시간에는 선생님이 설명하거나 강조하는 내용을 교과서에 바로바로 필기해야 합니다. 국어 교과서에 있는 글을 노트에 모두 옮기는 아이들도 있는데, 그럴 필요가 없습니다. 꼭 필요한 내용만 추려서 정리하면 됩니다.

초등학교 4학년 이후 국어 교과서에는 설명하는 글, 주장하는 글, 제안하는 글, 시, 이야기 등 다양한 유형의 글이 나옵니다. 교과서에 주로 나오는 글의 유형을 파악해 아이가 어떻게 글을 읽을 것인지를 알려주고 노트 필기도 이런 관점에서 이루어져야 합니다. 글의 유형은 글의 주제, 글의 구조, 중심 문장, 뒷받침 문장을 찾고 필기하는 데 도움이 되기 때문입니다.

주요 글의 유형과 필기 방법

유형	글의 구조	필기 방법
설명하는 글 (설명문)	처음, 가운데, 끝	• 설명 방법(비교/대조/전체→부분/특징 나열 등)을 파악해 문단별로 중심 문장을 찾아 밑줄 긋기
주장하는 글 (논설문)	서론, 본론, 결론	• 주장과 근거를 찾고 주장에는 ( ), 근거와 관련된 문장에는 ①, ②, ③ 번호 붙여 글의 구조를 명확하게 파악해보기 – 첫째, 둘째, 셋째로 시작하는 문장을 주의 깊게 보기
이야기 (소설)	발단, 전개, 절정, 결말	• 이야기에서 발단, 전개, 절정, 결말이 시작되는 부분과 끝부분을 기호(「 」)를 사용하여 체크해보기 – 사건의 흐름을 파악하며 읽는 것이 중요

다음은 독서 매체에 관한 설명문인데요. 처음, 가운데, 끝의 구조를 가지고 있습니다. 즉 1번 문단이 처음, 2~4번 문단이 가운데, 5번 문단이 끝이죠. 각 문단의 중심 문장은 문단의 첫 번째 문장이라는 것을 쉽게 알 수 있습니다. 1번 문단에서는 독서 매체가 다양하다는 사실을, 2~4번 문단은 다양한 독서 매체에 대한 설명을 하고 있습니다. 5번 문단은 독서 매체와 관련한 내용을 다시 정리하고 있죠.

[1] 독서 매체는 IT 기술의 발달로 다양해졌다. 과거에 사람들은 책장을 넘기며 책을 봤지만 지금은 귀로 들을 수도 있다. 사람들은 자신의 상황에 따라 적합한 매체를 선택해 독서를 한다.

[2] 종이책은 가장 전통적인 독서 매체다. 사람들은 종이책을 통해 지금까지 많은 지식을 습득해왔다. 하지만 주변 환경이 바뀜에 따라 종이책을 읽는 사람의 숫자는 점점 감소하고 있다. 2019년 국민 독서실태조사에 따르면, 성인의 종이책 연간 독서율은 52.1%, 독서량은 6.1권이다. 2017년에 대비 7.8%, 2.2권 감소했다. (…)

[3] 전자책은 컴퓨터나 스마트폰, 패드 등 디지털 기기를 통해 책을 볼 수 있는 매체다. 디지털 네이티브의 등장과 함께 전자책 사용자가 점점 증가하고 있다. 전자책 독서율은 성인 16.5%, 학생은 37.2%로 나타났다. 2017년보다 대비 2.4%, 7.4% 증가했다. (…)

[4] 오디오북은 귀로 들을 수 있는 독서 매체다. 최근 등장한 오디오북의 독서율은 성인 3.5%, 학생 평균 18.7%로 나타났다. 아직은 종이책과 전자책 대비 독서율이 낮다. (…)

[5] 새로운 기술은 새로운 독서 방식을 만들었다. 어떻게 독서를 하든 가능한 많은 독서를 하는 것이 중요하다.

이 내용을 노트에 정리한다면 어떻게 할 수 있을까요? 다음과 같이 표로 정리할 수 있겠죠.

글의 구조	중심 문장
처음	• 독서 매체는 IT 기술의 발달로 다양해졌다.
가운데	• 종이책은 가장 전통적인 독서 매체다. • 전자책은 디지털 기기를 통해 보는 매체다. • 오디오북은 귀로 들을 수 있는 독서 매체다.
끝	• 새로운 기술은 새로운 독서 방식을 만들었다.

국어 5-1(가) 3단원 '글을 요약해요'에는 〈직업과 옷 색깔〉이라는 설명문이 나오는데요. 앞서 본 글과 유사한 이 글을 어떻게 정리할 수 있는지 생각해볼까요?

먼저 설명문의 구조와 설명 방식을 생각하면서 글을 읽어봅니다. 그 이후에 교과서를 옆에 두고 독서 매체 글과 비교해보면서 각 문단의 중심 문장이 무엇인지 찾아보면 쉽겠죠.

이 설명문도 1번 문단이 처음, 2~4번 문단이 가운데, 마지막 문단이 끝입니다. 특히 가운데 문단들은 첫 문장이나 글의 전개 방법이 비슷합니다. 세부적으로 보면 첫 번째 문단에서는 직업에 따른 옷의 색깔이 다르다라는 사실을 이야기합니다. 가운데 문단에서는 직업별로 어떤 색깔의 옷을 입는지, 왜 그런 색깔의 옷을 입는지 설명하고 있죠.

여기서 설명 방식을 이해한다면 더 쉽게 글의 구조를 파악할 수 있습니다. 노트 정리할 때 분류하는 것이 중요하다고 앞서 이야기했었는데요. 이 설명문에도 적용해보면 직업은 상위 개념이고, 의사, 간호사, 법관, 군인은 하위 개념이라는 사실을 알 수 있습니다. 즉 전체에서 부분으로 글의 내용이 전개되고 있는 것이죠.

이렇게 글의 구조가 파악되었다면 다음 단계는 중심 문장 찾기입니다. 중심 문장은 각 문단의 내용을 포괄하고 있습니다. 보통 각 문단의 첫 번째 혹은 마지막에 있는 경우가 많은데요. 이런 규칙도 중요하지만 문단 전체를 읽어보고 중심 문장이 무엇인지 먼저 고민해보는 연습이 필요합니다. 중심 문장을 찾았다면 이제 노트에 설명문 내용을 정리해봅니다. 독서 매체처럼 일단 표로 정리해볼까요? 그럼 다음과 같이 정리됩니다.

글의 구조	중심 문장
처음	• 사람은 직업에 따라 고유한 색깔 옷을 입기도 한다.
가운데	• 의사나 간호사는 보통 흰색 옷을 입는다. • 법관은 검은색 옷을 입는다. • 군인은 주변 환경과 상황에 따라 옷 색깔을 달리하여 입는다.
끝	• 사람들은 직업에 따라 입는 옷 색깔이 다양하다.

여기서 한 단계 더 나아가 씽킹맵 중 하나인 트리맵을 활용해 정리해보면 어떨까요? 교과서에도 나와있듯이 시각적으로 더 보기 좋고 이해하기도 쉽겠죠.

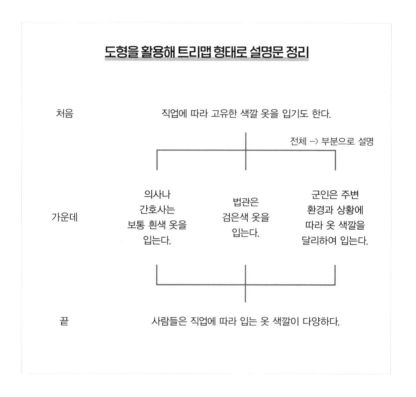

만약, 주장하는 글이라면, 다음 그림(216페이지 참조)처럼 주장과 근거를 중심으로 정리해볼 수 있습니다. 제일 위 네모에는 주장하는 문장, 그 아래 네모에는 주장을 뒷받침하는 근거와 관련된 문장을 넣습니다.

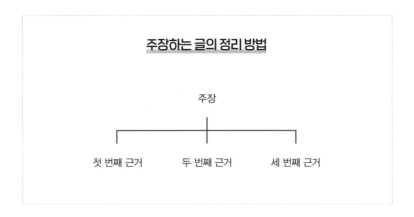

교과서에는 글의 유형과 관련해 글의 구조, 읽는 방법, 글의 특징에 대한 설명들이 조금씩 나오는데 이런 내용은 노트에 따로 정리를 해서 글의 유형별로 어떤 차이가 있는지를 파악합니다. 특히 학년이 올라갈수록 글의 유형에 따른 세부 내용이 나오기 때문에 미리 정리를 잘 해놓으면 학년이 올라가도 쉽게 공부할 수 있습니다.

또 교과서에 나오는 이야기 옆에는 중간중간 질문이 나오는데, 글을 다 읽고 나서는 이 질문에 대해 생각해보면 공부에 도움이 됩니다. 국어의 핵심은 '아이가 글을 읽고 얼마나 내용을 잘 이해했는지'이기 때문에 글의 내용을 바탕으로 질문에 대한 답을 할 수 있어야 합니다.

국어는 듣기, 말하기, 읽기, 쓰기, 문법이 포함되어 있어 이를 학습하기 위한 기본 개념들이 나옵니다. 그렇기 때문에 각 영역별로 나오는 기본 개념들을 정리해서 글을 읽거나 쓰기 위한 기본 지식을 알고 있어야 합니다. 듣기·말하기 영역에는 2015 개정 교육과정을 보면 초등학교 3~4학년에는 대화, 회의, 5~6학년에는 토의, 토론, 발표와 관련된 내용이 있습니다. 듣기·말하기 영역은 주로 절차와 관련된 내용이 많기 때문에 앞서 이야기한 플로우맵을 활용해 정리합니다.

다음은 국어 4-1(나) 6단원 '회의를 해요'의 내용 일부를 정리한

플로우맵을 활용한 회의 절차 정리 사례

6단원	회의를 해요
학습 목표	회의 절차와 규칙은?

회의 절차	1. 회의 절차	
	개회	• 회의 시작을 알림
	주제 선정	• 회의 주제를 정함
		※ 회의 주제를 정하는 방법
		– 해결해야 할 문제점 찾기
		– 우리가 해결할 수 있는 문제인지 생각
	주제 토의	• 선정한 주제에 맞는 의견을 제시
		※의견을 말하는 방법
		– 주제를 실천할 수 있는 여러 가지 의견을 떠올림
		– 의견을 뒷받침할 수 있는 근거를 찾아봄
	표결	• 찬성과 반대 의견을 헤아려 다수결로 결정
	결과 발표	• 결정한 의견을 발표
	폐회	• 회의 마침을 알림

것입니다. 어떻게 하면 좋을까요? 교과서 내용 중 회의 절차에 대한 사항을 먼저 정리합니다. 각 회의 절차에 대한 세부 내용이 있는지 확인한 후 있다면 세부 내용을 정리하면 좋습니다. 교과서의 기본 학습에는 회의 주제에 맞게 말할 내용 준비하기와 관련된 사항이 있는데, 여기에는 회의 주제를 정하는 방법, 의견을 말하는 방법에 대한 내용이 나옵니다. 앞의 그림처럼 이 두 가지 항목을 각 절차 옆에 정리해서 교과서의 내용을 한눈에 볼 수 있도록 합니다.

듣기·말하기 영역에서는 듣고 말한 내용을 어떻게 정리하는지가 중요합니다. 교과서에도 회의, 토의와 관련한 핵심 내용과 함께 정리 양식이 나옵니다. 이 정리 양식은 포스트잇으로 간단하게 만들어서 노트 정리한 부분에 같이 붙여놓습니다. 다음은 교과서에 나온 회의 정리 양식입니다.

회의 정리 양식

회의 주제	
회의 목적	
회의 참석자	
회의 내용	
회의 결과	

마지막으로 어휘력, 독해력, 표현력을 높이기 위해 낱말 노트가 중요합니다. 낱말 노트는 교과서를 읽으면서 모르는 낱말의 뜻, 예문, 속담, 유의어, 반의어를 정리하는데요. 다음은 국어 6-1(나)에 나오는 '쌓다'와 관련된 낱말에 대한 정리입니다.

낱말 노트 예시

낱말	쌓다
뜻	여러 개의 물건을 겹겹이 포개어 얹어 놓다
예문	담을 쌓다
속담	성(을) 쌓다 망한다 – 어떤 일을 하다가 미처 완성하기도 전에 크게 손실을 보거나 일을 망쳐 버림
유의어/반의어	포개다/허물다

속담을 정리하는 이유는 국어 6-1(가) 5단원 '속담을 활용해요'라는 내용이 있기도 하지만, 속담을 사용하면 글을 쓰거나, 서로 말을 주고받거나, 의견을 제시할 때 효과적이기 때문입니다. 또 유의어와 반의어를 알고 있으면 하나의 낱말만 알아도 다른 두 개의 낱말을 쉽게 알 수 있어 표현력 향상에 큰 도움이 됩니다.

국어는 앞서 봤듯이 글에 대한 이해가 중요합니다. 그렇기 때문에 평소 책도 많이 읽고 SNS나 다이어리에 글도 많이 써보면서 자신의 생각을 정리하는 시간을 가지면 좋습니다. 그러다 보면 노트 정리 실력이 조금씩 향상됩니다.

　다음은 국어 5-1(나) 9단원 '여러 가지 방법으로 읽어요'에 나오

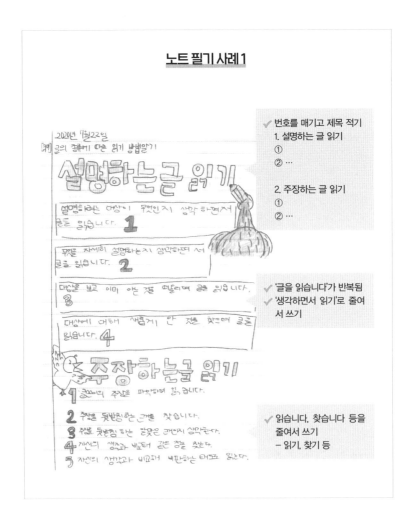

는 설명하는 글과 주장하는 글 읽기에 관한 노트 정리 사례입니다. 색을 입혀서 지루한 내용을 시각적으로 정리했는데요.

이렇게 시각적으로 정리해도 좋지만 조금 논리적으로 정리한다면 2개 항목에 번호를 매겨 책의 목차처럼 구성하면 더 좋겠죠. 또 노트는 공간이 한정적이기 때문에 가능한 글을 줄여 정리하는 연습이 필요합니다. '읽습니다'는 '읽기'로 바꿔주면 정리한 내용을 쉽게 볼 수 있습니다. 정리할 때는 교과서의 내용을 그대로 옮기기보다는 핵심 단어 중심으로 요약합니다.

다음은 국어 5-2(가) 3단원 '의견을 조정하며 토의해요'에 나오

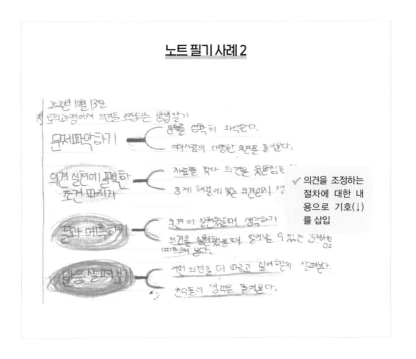

는 토의과정에서 의견을 조정하는 방법에 관한 노트 정리 사례입니다. 문제 파악하기부터 반응 살펴보기 단계까지의 내용을 트리맵 형태로 잘 정리했습니다. 여기에 기호를 삽입해 '문제 파악하기 → 의견 실천에 필요한 조건 따지기 → 결과 예측하기 → 반응 살펴보기' 형태로 정리하면 한눈에 파악할 수 있겠죠. 앞의 노트와 마찬가지로 '문제를 정확히 파악한다'는 '문제 파악하기' 혹은 '문제 파악' 등 핵심 단어 위주로 정리해봅니다.

상위 1%로 가는 과목별 초등 노트 정리법

2 ◦ [사회] 영역별 개념과 흐름 파악하기

사회는 학년이 올라갈수록 지역 범위가 점점 확대되는 형태로 구성되어 있습니다. 3학년은 고장, 4학년은 지역, 5학년은 우리나라, 6학년은 세계를 배웁니다. 이와 함께 이런 지역적인 측면에서 다루지 못하는 사회현상도 다루고 있습니다. 2015 개정 교육과정을 보면, 사회는 크게 지리, 역사, 일반사회 영역으로 구성되어 있습니다. 예를 들어, 지역에 대한 주제를 가지고 이야기할 때, 지리에서는 '지역의 위치와 특성', 역사에서는 '우리가 알아보는 지역의 역사', 일반사회에서는 '지역의 공공 기관과 주민 참여'라는 내용을 사회 교과서에서 다루고 있습니다.

1) 지리 영역

지리 영역은 교과서에 나오는 용어와 그에 관련된 지도, 사진 등을 같이 정리해야 합니다. 예를 들어, 사회 5-1 1단원 '국토와 우리 생활'의 1주제는 우리 국토의 위치와 영역입니다. 이 차시에는 위선, 경선, 위도, 경도, 본초자오선 등 어려운 용어들이 나옵니다. 이런 용어를 다음과 같이 정리한다면 어떨까요?

글자 중심의 노트 정리

기본 용어

1) 위도: 적도를 기준으로 북쪽은 북위, 남쪽은 남위

2) 경도: 본초자오선을 기준으로 동쪽은 동경, 서쪽은 서경

나중에 이 노트 내용을 봤을 때, 잘 이해가 될까요? 이해하기 쉽지 않죠. 아이들에게는 더 어려울 수밖에 없습니다. 사회 과목에서는 아이들이 잘 사용하지 않는 어려운 용어들이 많이 나오는데 이런 용어들은 이해하기 쉽게 다양한 그림(지도, 사진, 관련 이미지)과 함께 정리해주는 게 필요합니다.

노트에 들어가는 그림은 직접 그려봐도 되고, 인터넷 검색을 통해 관련 그림을 찾아서 노트에 붙여도 좋습니다. 특히 아이의 성향에 따라 그림이 너무 많아 노트 정리나 공부에 방해가 된다면 포스트잇으로 붙였다 떼었다 할 수 있게 정리해도 됩니다. 그러면 좀 더

용어와 관련한 그림을 추가한 노트 정리

1단원	국토와 우리 생활
1주제	우리 국토의 위치와 영역
학습 목표	우리 국토는 어디에 위치할까?

위도와 경도	1. 기본 용어
	1) 위도와 경도
	① 위도 : 적도 기준, 북쪽은 북위, 남쪽은 남위
	② 경도 : 본초 자오선* 기준, 동쪽은 동경, 서쪽은 서경
	*경도의 기준이 되는 선
우리 국토의 위치	2. 우리 국토의 위치
	① 아시아 대륙의 동쪽에 위치한 반도*
	*삼면이 바다로 둘러싸이고 한 면은 육지에 이어진 땅
	② 위도 : 북위 33°~43°, 경도 : 동경 124°~132°

수월하게 정리가 되겠죠.

참고로 교과서에 따로 개념 정의가 없는 단어는 기본 용어라는 제목을 쓰고 노트 정리를 해봐도 좋습니다. 특히 교과서 문장에 중간중간 모르는 단어가 나오면 '＊' 기호를 활용해 해당 단어를 정리해놓으면 좋습니다. 보통 아이들은 교과서에 있는 용어에 대한 설명을 적고 설명 중에 모르는 단어에 대해서는 정리를 하지 않는 경우가 있습니다. 그러면 용어를 제대로 이해하기 어렵기 때문에 모르는 단어에 대해서는 바로바로 정리가 필요합니다.

2) 역사

역사 공부에서 가장 중요한 건 뭘까요? 사건이 발생한 시간의 흐름에 따라 이해하는 것입니다. 개별 사건만 이해하고 끝나는 것이 아닙니다. 멀티 플로우맵에서 이야기한 것처럼 하나의 사건이 발생했으면 왜 발생했는지, 그 사건은 이후 다른 사건에 어떤 영향을 미쳤는지 혹은 어떤 결과를 가져왔는지를 알아야 합니다. 노트 정리도 그런 관점에서 이루어져야겠죠.

사회 5-2는 역사를 다루고 있습니다. 2단원 '사회의 새로운 변화와 오늘날의 우리'에는 대한민국 정부의 수립과 6·25 전쟁을 다루고 있는데, 6·25 전쟁에 관해 노트 정리를 해보면 어떻게 할 수 있을까요? 다음 그림처럼 글자로 6·25 전쟁의 전개 과정을 정리한 다음, 지도를 통해 6·25 전쟁이 어떻게 진행되었는지를 구체적으로 확인할 수 있도록 합니다.

역사에서도 지리와 마찬가지로 지도와 사진의 활용이 중요한데요. 고구려·백제·신라에 대해 공부한다고 했을 때, 글자로만 이해하

6·25 전쟁 노트 정리

2단원	사회의 새로운 변화와 오늘날의 우리
3주제	대한민국 정부의 수립과 6·25 전쟁
학습 목표	6·25 전쟁의 전개 과정과 그 결과는?

6·25 전쟁 원인	1. 6·25 전쟁의 발생 원인
	– 북한의 남한 무력 통일

6·25 전쟁 전개	2. 6·25 전쟁의 전개 과정
중국군의 참전	북한군의 남침 · 북한군의 38도선 이남 침공(1950. 6. 25.)
정전 협정	(1950. 6.~9.) · 일본 도쿄에 국제 연합군 사령부 설치
	· 낙동교를 사이에 두고 대치
	(북한군 – 국제 연합군)
	국군·국제 · 국군과 국제 연합군의 인천 상륙 작전
	연합군의 반격 (1950. 9. 15.)
	(1950. 9.~10. 24.) · 서울을 되찾음(1950. 9. 28.)
	· 국군 평양 입성
	중공군의 개입 · 중국군의 참전(1950. 10. 19.)
	(1950. 10.19.~1951. 3.) · 국군과 국제 연합군의 평양 철수
	· 국군과 국제 연합군, 서울 다시 찾음
	전선 고착·휴전 (1951. 3. 5.)
	(1951. 3.~1953. 7.) · 판문점에서 정전 협정 체결(1953. 7. 27.)

6·25 전쟁의 결과	3. 6·25 전쟁의 결과
남북 분단	① 정전 협정으로 남북 분단(휴전 상태)
	② 군인과 민간인 사망자/부상자 발생, 국토 황폐화,
	건물/도로/철도/다리 파괴
	③ 이산가족, 전쟁고아 발생

북한군의 남침	국군·국제 연합군의 반격	중공군의 개입	전선 고착·휴전

는 것보다 지도를 통해 고구려·백제·신라가 한반도 어디에 위치했는지를 알아야 각 국가의 전성기 시대와 문화유산에 대한 이해도 쉽기 때문입니다.

특히, 역사는 연표 정리가 중요한데, 단원을 시작할 때 나오는 연표를 통해 사건의 흐름을 이해해야 합니다. 사회 5-2 2단원의 '사고력 쑥쑥' 코너에는 연표를 만드는 방법과 함께 다양한 연표의 종류가 나옵니다. 이를 통해 아이가 원하는 유형의 연표를 만들어 노트를 정리해볼 수 있습니다.

다음 연표는 조선의 근대화 과정 연표입니다. 연도, 사건에 대한 세부 내용 순으로 정리되어있는 것을 볼 수 있습니다.

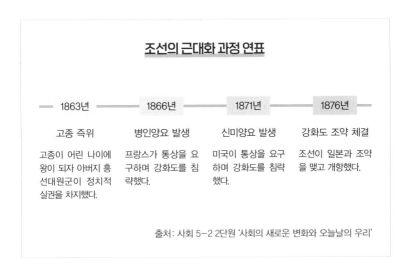

조선의 근대화 과정 연표

1863년	1866년	1871년	1876년
고종 즉위	병인양요 발생	신미양요 발생	강화도 조약 체결
고종이 어린 나이에 왕이 되자 아버지 흥선대원군이 정치적 실권을 차지했다.	프랑스가 통상을 요구하며 강화도를 침략했다.	미국이 통상을 요구하며 강화도를 침략했다.	조선이 일본과 조약을 맺고 개항했다.

출처: 사회 5-2 2단원 '사회의 새로운 변화와 오늘날의 우리'

오른쪽 노트와 연표를 비교했을 때 어떤 것이 눈에 더 쉽게 들어오나요? 연표가 눈에 더 잘 들어오죠. 시간의 흐름을 나타내는 내용은 일반적인 교과서의 내용처럼 세로로 정리하기보다는 가로로 정리하는 게 보기 좋습니다. 만약 세로로 정리한다면, 세로 화살표를 넣어서 정리해볼 수도 있습니다.

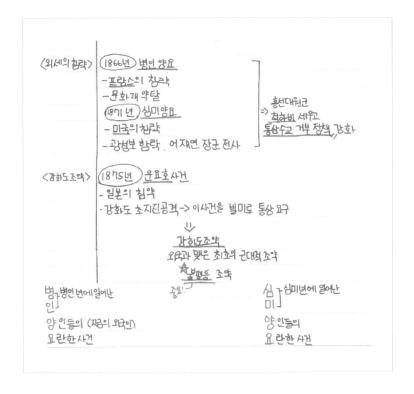

3) 일반 사회

일반 사회 영역은 어떤 개념과 역할, 사회 변화에 따른 문제점과 해결방안에 관한 내용을 주로 다루고 있습니다. 사회 6-1 1단원

'우리나라의 정치 발전'이나 사회 5-1 2단원 '인권 존중과 정의로운 사회'의 내용은 주로 개념과 역할을 말하고 있습니다. 민주정치의 원리와 국가 기관의 역할, 법의 의미와 역할 같은 내용이 나오는데요. 이런 내용은 교과서에 제시되어 있는 내용을 항목별로 분류할 수 있는 능력이 중요합니다.

헌법의 의미에 대한 정리

1. 헌법의 개념

   - 법 중에서 가장 기본이 되는 법, 우리나라 최고의 법

   - 내용을 새로 정하거나 고칠 때는 국민 투표 필요

2. 헌법의 내용

   ① 모든 국민이 존중받고 행복한 삶을 살아가는 데 필요한 사항

   ② 국민이 누려야 할 권리와 지켜야 할 의무

   ③ 국가 기관을 조직하고 운영하는 기본 원칙

또 다양한 대상 간의 역할에 대한 내용을 정리할 때는 다음 그림처럼 도형과 화살표를 활용합니다. 다음은 사회 6-1 2단원의 '사고력 쑥쑥'에 나온 가계와 기업의 경제적 역할에 대한 내용을 도형

과 화살표로 다시 정리했는데, 각 기관의 역할과 기관 간의 관계를 조금 더 명확하게 이해할 수 있죠.

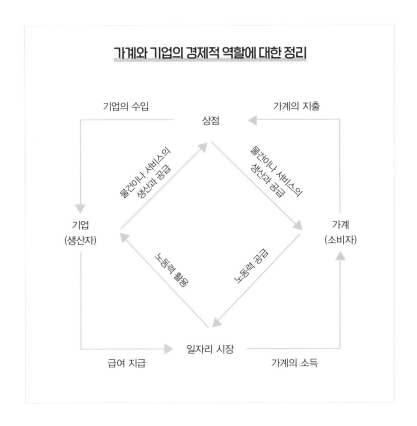

사회 변화에 따른 문제점과 해결방안은 어떻게 정리해볼 수 있을까요? 문제점과 해결방안을 구조화해서 따로따로 정리할 수 있습니다.

헌법의 의미에 대한 정리

1. 문제점
   - 문제점 ①
   - 문제점 ②...

2. 해결방안
   - 해결방안 ①
   - 해결방안 ②...

그런데 이런 문제점과 해결방안을 같이 정리하면 조금 더 교과서의 내용을 쉽게 이해할 수 있습니다. 다음은 사회 6-1 2단원 '우리나라의 경제 발전'의 두 번째 주제인 '우리나라의 경제 성장'에 나와 있는 경제 성장 과정에서 나타난 문제점 해결해보기를 표로 정리해 본 것입니다.

빈부 격차에 대한 문제점을 어떻게 해결해야 하는지 바로 알 수 있습니다. 만약 따로따로 정리했다면 개별 문제점에 대한 해결방안이 바로 눈에 들어올까요? 이처럼 일반 사회는 구조화와 시각화를 활용해 정리하면 좋습니다.

문제점	해결방안
빈부 격차	• 기부 문화 확산하기 • 무료 급식소 봉사하기
노사 갈등	• 대화로 해결하기 • 근로자의 입장 생각하기
자원 부족	• 쓰지 않는 전기 코드 빼기 • 태양열 에너지 사용하기
환경 오염	• 일회용품 사용 줄이기 • 가까운 거리는 걷기

사회는 우리의 일상과 직접적인 관련이 있는 내용이 많습니다. 그래서 초등학교 때는 사회 교과서에 나오는 내용을 신문이나 TV 등을 보면서 같이 생각해보면 아이들이 공부에 흥미를 가질 수가 있습니다. 그래서 아이와 함께 사회 교과서에 있는 경제, 환경, 우리 지역에 대한 내용을 다양한 자료를 통해 조사해보면 어떨까요?

노트 필기 사례1

2020년 10월 5일
몽골의 고려 침입과 고려의 대응

왼쪽 사례(234페이지 참소)는 사회 5-2 1난원 '옛사람들의 삶과 문화'에 나오는 몽골의 고려 침입과 고려의 대응에 대한 노트 정리 사례입니다. 노트를 보면, 몽골의 고려 침입과 고려의 대응을 한눈에 쉽게 알 수가 없습니다. 그 이유가 뭘까요? 교과서에 있는 내용을 요약해야 하는데 요약이 잘 이루어지지 않았기 때문입니다. 기호를 활용해 역사의 흐름을 보여줬지만 주요 사건과 사건에 관련한 세부 내용을 모두 화살표를 사용해 정리해서 교과서의 내용과 큰 차이가 없습니다.

　　이런 내용을 정리할 때는 항상 왜 몽골이 고려를 침입했는지, 침입 후 고려는 어떻게 대응했는지, 그 결과는 어떻게 되었는지 등을 생각한 후 정리해야 합니다. 즉 배경(원인), 전개, 결과 순으로 말이죠. 특히 역사는 단순 개념 정리가 중요한 것이 아니어서 어떤 사건이 일어났으면 왜 일어났는지를 먼저 이해하고 그 과정과 결과를 주요 사건 중심으로 정리합니다.

　　또한 역사를 공부할 때는 항상 교과서에 나온 지도도 같이 정리해주면 좋습니다. 예를 들어 교과서에 나와있는 몽골의 침입로나 고려시대의 강화도에 관한 그림을 붙여주면 글자로만 이해하는 것보다 내용을 더 쉽게 이해할 수 있습니다.

노트 필기 사례 2

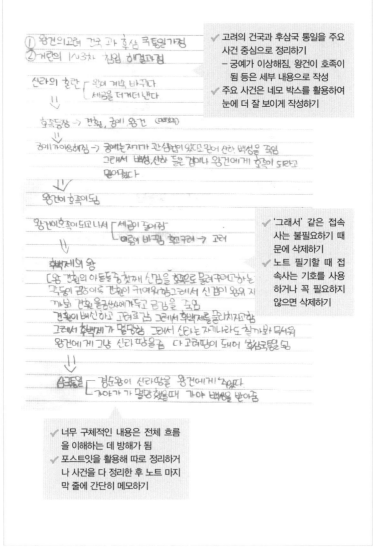

① 왕건의 고려 건국 과 후삼국 통일 과정
② 거란의 1~3차 침입 해결과정

✓ 고려의 건국과 후삼국 통일을 주요
  사건 중심으로 정리하기
  – 궁예가 이상해짐, 왕건이 호족이
   됨 등은 세부 내용으로 작성
✓ 주요 사건은 네모 박스를 활용하여
  눈에 더 잘 보이게 작성하기

신라의 혼란 ┌ 왕이 계속 바뀌다
           └ 세금을 더 거더낸다
              ⇓
호족등장 → 견훤, 궁예, 왕건 (대표적)
              ⇓
궁예가이상해짐 → 궁예는 자기가 관심만 있었으면서 신하, 백성을 죽임
               그래서 백성, 신하 들은 겁이나 왕건에게 호족이 되라고
               말하였다
              ⇓
왕건이 호족이됨
              ⇓
왕건이 호족이되고나서 ┌ 세금이 줄어듦
                    └ 이름이 바뀜, 후고구려 → 고려

✓ '그래서' 같은 접속
  사는 불필요하기 때
  문에 삭제하기
✓ 노트 필기할 때 접
  속사는 기호를 사용
  하거나 꼭 필요하지
  않으면 삭제하기

후백제의 왕
[왕 견훤의 아들들중 첫째 신검을 호족으로 물려주려고하는
 막둥이 금강이를 견훤이 귀여워함,그래서 신검이 왕위 지
 까봐 견훤을 금산사에가두고 금강을 죽임
 견훤이 배신하고 고려로 감 그래서 후백제를 물리치자고함
 그래서 후백제가 멸망함 그래서 신라는 자기나라도 칠까봐 무서워
 왕건에게 그냥 신라 땅을 줌 다 고려땅이 돼서 후삼국통일 됨
              ⇓
신라통일 ┌ 경순왕이 신라땅을 왕건에게 주었다
        └ 가야가 가 멸망 했을때 가야 백성을 받아줌

✓ 너무 구체적인 내용은 전체 흐름
  을 이해하는 데 방해가 됨
✓ 포스트잇을 활용해 따로 정리하거
  나 사건을 정리한 후 노트 마지
  막 줄에 간단히 메모하기

상위 1%로 가는 과목별 초등 노트 정리법

이번에도 사회 5-2에 나오는 고려의 건국과 후삼국 통일 과정을 정리한 노트입니다. 역사에서 중요한 흐름을 기호를 활용해 앞의 사례보다 정리를 잘했습니다. 그런데 보통 아이들은 이런 흐름을 정리할 때 세부적인 사건까지 주요 흐름에다 정리해 흐름이 한눈에 잘 보이지 않는 경우가 많습니다.

이 경우에는 앞서 말한 것처럼 주요 사건이 무엇인지 파악한 후에 정리를 해야 합니다. 또 주요 사건을 도형을 활용하여 정리하면 좋습니다. 이 노트는 후백제의 왕과 관련해 너무 세부적인 내용을 정리하는 데 5줄 이상 할애했습니다. 그래서인지 정리한 내용이 눈에 잘 들어오지 않을뿐더러 고려의 건국과 후삼국 통일 과정이라는 내용을 이해하는 데 오히려 방해가 됩니다. 이렇게 세부적인 사항은 포스트잇을 활용해 따로 정리하거나 노트 마지막 줄에 간단히 정리하면 이해하기 좋습니다.

나라의 건국이나 통일과 관련된 내용은 지도와 함께 정리해줘야 합니다. 고려, 후백제, 신라가 한반도에서 어디에 위치하고 있었는지를 같이 공부하면 역사 공부가 더 쉬워집니다.

3 ∘ [과학] 실험을 중심으로
생각 확장하기

과학은 교과서만 보면 '어떻게 노트 정리를 해야 할까?'라는 생각이 드는 과목 중의 하나입니다. 왜냐하면 실험을 중심으로 교과서가 구성되어 있기 때문입니다. 실제로 2015년 개정 교육과정을 보면 과학은 탐구 중심의 학습을 목표로 하고 있습니다. 그래서 기본 개념을 바탕으로 과학적 탐구 능력, 과학적 문제 해결력을 높이도록 설계가 되어있습니다.

과학 5-2 2단원 '생물과 환경'이라는 제목만 봐도 과학 교과서는 탐구 중심이라는 것을 알 수 있습니다. 본문의 제목도 다음과 같이 되어있죠.

✔ 생태계란 무엇일까요?
✔ 생물 요소를 어떻게 분류할 수 있을까요?

- 생태계를 구성하는 생물은 어떤 먹이 관계를 맺고 있을까요?
- 생태계는 어떻게 유지될까요?
- 비생물 요소는 생물에 어떤 영향을 줄까요?
- 생물은 환경에 어떻게 적응될까요?
- 환경 오염은 생물에 어떤 영향을 줄까요?

그렇다면 어떻게 정리하는 것이 좋을까요? 과학은 기본 교과서 외에 실험관찰 책이 한 권 더 있습니다. 실험관찰은 워크북 역할을 하는데, 수업 시간에 하는 활동에 대해서는 실험관찰에 기록하면 됩니다.

기본 개념은 과학 교과서의 각 단원에 있는 단원 마무리의 내용을 기본으로 교과서의 내용을 정리하면 됩니다. 과학은 기본 개념에 대한 내용이 많지 않아 단원별로 노트 정리를 합니다. 중학교 과학 선생님 또한 "과학은 기본적으로 한 단원을 그림으로 그려서 이해하는 것이 중요하다. 마인드맵 같은 것을 활용해도 좋다. 하루하루 정리한다면 코넬식 노트법을 사용해도 괜찮다."라고 말합니다. 실제로 실험관찰의 단원 마무리에는 생각 그물을 그려보는 페이지가 나오는데, 이 페이지는 아이가 꼭 스스로 해보는 게 좋습니다.

과학은 단순 지식을 습득하는 것이 목표가 아니라 아이가 주변에서 일어나는 자연현상에 대해 호기심을 가지고 스스로 문제를 해결할 수 있도록 하는 것이 목표입니다. 그래서 과학은 사회 같은 암기 과목보다 필기해야 할 분량이 많지 않습니다. 대신 기본 개념을 정리한 후 아이가 궁금한 사항을 추가적으로 정리하는 게 좋죠. 앞서 말한 선생님 또한 "과학은 암기만 해서는 흥미를 금방 잃어버린다. 생각의 흐름이 잘 연결될 수 있도록 하는 것이 중요하다."고 강조합니다.

과학 6-1의 3단원은 '여러 가지 기체'에 관한 내용입니다. 교과서에 나와 있는 단원 마무리를 바탕으로 노트 정리를 해보면 다음 그림과 같습니다. 먼저, 단원 마무리 내용을 중심으로 정리를 한 후, 단원에 중간중간 나오는 개념에 대한 설명을 추가하여 노트 정리를 합니다.

또 비교·대조할 수 있는 내용은 표로 만들어 제시하고, 온도, 압력, 부피의 변화와 관련해 기호를 사용할 수 있는 사항은 기호로 정리하여 노트 정리를 최대한 간단명료하게 합니다.

이렇게 정리한 노트에 궁금한 혹은 추가적으로 설명이 필요한 내용은 포스트잇에 정리해 붙여놓으면 좋습니다. 그러면 정말 자신만의 과학 노트가 만들어지겠죠.

마지막으로 과학은 어떤 현상이 왜 일어났는지, 그 현상은 어떻게 진행되었는지, 결과는 어땠는지 등 원인과 결과, 과정에 대한 사항을 잘 이해할 수 있도록 노트 정리가 되어야 합니다. 단지 산소와 이산화탄소가 무엇인지를 아는 것보다 산소와 이산화탄소가 우리 일상에서 어떤 영향을 미치고 그로 인해 어떤 결과가 만들어지는지

여러 가지 기체 노트 정리

3단원	여러 가지 기체
산소와 이산화탄소	1. 산소와 이산화탄소에는 어떤 성질이 있을까?
	1) 산소와 이산화탄소의 성질

구분	산소	이산화탄소
색깔과 냄새	X	X
향불을 넣으면?	불꽃 O	불꽃 X
기타 성질	금속을 녹슬게 함	석회수를 뿌옇게 만듦

	2) 산소와 이산화탄소의 이용 사례
	① 산소: 압축 공기통(잠수부/소방관), 산소 호흡 장치(응급환자)
	② 이산화탄소: 소화기, 드라이아이스, 탄산음료,
	자동 팽창식 구명조끼

	2. 압력과 온도에 따라 기체의 부피는 어떻게 달라질까요?
압력과 기체의 부피	1) 압력과 기체의 부피

압력의 정도	기체의 부피	사례
약함	조금 작아짐	비행기 안의 과자봉지는 땅보다
강함	많이 작아짐	하늘에서 더 많이 부풀어 오름

※ 액체는 압력을 가해도 부피가 거의 변하지 않음

온도와 기체의 부피	2) 온도와 기체의 부피

온도	기체 부피	사례
↗	↗	뜨거운 음식을 포장한
↘	↘	비닐 랩은 부풀어 오름

공기를 이루는 기체	3. 공기를 이루는 기체에는 무엇이 있을까?
	– 대부분 질소와 산소 이외에 수소, 네온, 헬륨 등이 있음
	• 질소: 식품의 내용물 보전 혹은 신선 보관
	• 수소: 전기 만드는 데 이용
	• 네온: 조명 기구/네온 광고
	• 헬륨: 비행선/풍선을 공중에 띄우는 용도

노트 필기 사례 1

✓ 항상 번호를 매겨서 정리하기
1. 열의 이동
   - 열의 이동에 대해 정리
2. 고체에서의 열의 이동
   - 전도에 대해 정리
3. 액체나 기체에서의 열의 이동
   - 액체의 대류에 대해 정리
   - 기체의 대류에 대해 정리

2020년 8월 18일

2-3단원 복습 저널쓰기

〈2단원〉 열의이동

열의이동

삳은며 → 차가운곳 // 뜨거운 물체에서 차가운
물체로 열이 열리다.

- 고체에서의 열의 이동 = 전도
열이 있는 쪽에서 열어지는 방향으로 열이 이동한다.
열이 제일 잘 이동하는 것은 '금속' 이다.

- 액체에서의 열의 이동 = 대류
뜨거운 액체는 위로 올라 가고 또 올라가면서
분방을 들며 전체적으로 액체가 따뜻해진다.

- 기체에서의 열의 이동 = 대류
뜨거운 기체는 위로 올라가고 차가운 공기는 아래로
내려가는 방식으로 분방을 들며 전체가 따뜻해진다.
(액체, 기체 에서의 열의 이동은 끝다) 그래서 에어컨은
위쪽에, 난방기는 아래쪽에 설치하는 것이 좋다.

✓ 동일한 개념이 중복해서 나오면
하나로 묶어서 정리하기
   - 액체와 기체에 대한 내용은 세
   부 내용에서 따로 정리

✓ 사례는 줄을 바꿔서 정리해주기

알아야 하죠. 사회처럼 과학도 항상 우리 주변에서 일어난 현상을 과학에서 배운 개념과 연결시키는 노력이 중요합니다.

다음은 과학 5-1 2단원 '온도와 열'에 관한 노트 정리입니다. 글머리기호(-)를 활용하여 기본 정리를 잘해놓았습니다. 조금 더 보완을 하면, 번호를 매겨서 온도와 열에 대한 단원의 전체적인 구조를 알 수 있도록 하면 더 좋지 않을까요? 그래서 열의 이동, 고체에서의 열의 이동, 액체나 기체에서의 열의 이동 순으로 1, 2, 3 번호를 매긴 후 세부 내용을 정리하면 됩니다. 특히 대류라는 동일한 개념이 나와 있는데, 이런 경우에는 하나로 묶어서 정리하고 하위 내용에 대해서는 그림에서 제시한 것처럼 나눠서 정리를 합니다.

마지막으로 기체에서의 열의 이동의 사례에 대해 정리했는데, 이런 경우 줄을 바꿔서 사례) 혹은 예)라고 표시한 후 에어컨과 난방기에 대한 사항을 정리해보면 어떨까요?

현재	그래서 에어컨은 위쪽에, 난방기는 아래쪽에 설치하는 것이 좋다.
수정	사례) 에어컨(위쪽에 설치), 난방기(아래쪽에 설치)

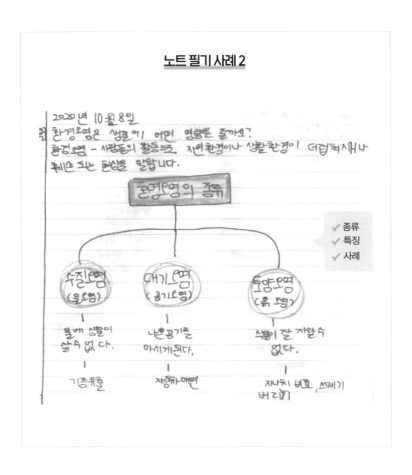

노트 필기 사례 2

위의 그림은 과학 5-2 2단원 '생물과 환경'에 나오는 환경 오염 유형을 트리맵으로 잘 정리한 노트입니다. 기본적으로 문장을 줄여 쓰는 것 외에 한 가지만 보완을 하면 더 좋은데요.

현재 환경 오염의 종류(유형), 특징, 사례를 단계별로 제시하고 있어 좌측에 종류, 특징, 사례를 3개의 네모 박스로 만든 다음 그림처럼 정리한다면 이해하기 쉽겠죠. 노트 정리할 때는 항상 분류가 중

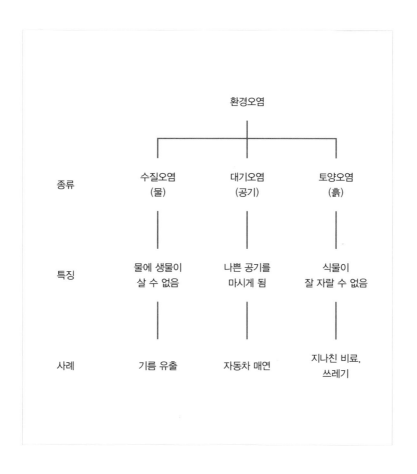

요하다고 앞서 말을 했습니다. 지금 정리한 내용에서 '물에 생물이 살 수 없음, 나쁜 공기를 마시게 됨, 식물이 잘 자랄 수 없음'을 위 그림처럼 종류, 특징, 사례 등 상위 개념으로 묶어 정리한다면 더 이해하기 쉬워지겠죠.

4 ◦ [수학] 기본 개념과
오답 노트에 집중하기

초등학교 수학은 2015 개정 교육과정을 보면, '수와 연산', '도형', '측정', '규칙성', '자료와 가능성' 등 5가지 영역으로 구성되어 있습니다. 이 5가지 영역은 수 감각을 키워 일상 생활에서 수학적 사고를 할 수 있는 기초를 잡는 데 중점을 둡니다.

그럼에도 수학은 모든 아이들이 어려워하는 과목 중의 하나입니다. 수포자라는 말이 있듯이 중·고등학교에서는 수학 때문에 절망하는 아이들이 급증합니다. 그런 면에서 수포자가 되지 않기 위해서는 초등학교 때부터 수학에 재미를 붙이고 수학 교과서에 나오는 기본 개념을 확실하게 이해해야 합니다. 특히 틀린 문제에 대한 오답 노트도 중요하지만 기본 개념에 대한 이해를 바탕으로 유연하게 응용할 수 있어야 합니다.

예를 들어, 수학 4-2 6단원에 다각형이 나옵니다. 교과서에 나온 나각형과 관련된 주요 개념을 정리해보면 다음과 같습니다.

구분	개념
다각형	• 선분으로만 둘러싸인 도형 ※ 선분: 두 점을 곧게 이은 선
다각형의 분류	• 육각형: 변이 6개 • 칠각형: 변이 7개 • 팔각형: 변이 8개 ※ 변: 도형의 가장자리에 있는 선분

대부분의 아이들은 육각형이라고 하면, 다음 그림과 같은 도형을 생각합니다.

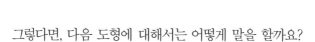

그렇다면, 다음 도형에 대해서는 어떻게 말을 할까요?

이 도형에 대해서는 대부분의 아이들이 육각형이라고 말을 하지 못합니다.* 그 이유가 무엇일까요? 다각형과 육각형에 대한 개념을 정확히 이해하지 못했기 때문입니다. 아마 성인들에게 물어도 육각형이라고 답을 하지 못할 가능성이 높습니다. 두 점을 곧게 이은 선이 6개여서 분명 육각형인데도 말이죠.

수학 개념 노트

6단원	다각형
선분과 다각형	**1. 선분과 다각형** ① 선분: 두 점을 곧게 이은 선 ② 다각형: 선분으로만 둘러싸인 도형

다각형 O	다각형 X (∵ 선분이 아님)

2. 다각형의 분류

구분	육각형	칠각형	팔각형
변의 수(개)	6	7	8

※ 변: 도형의 가장자리에 있는 선분(곡선이 아닌 곧은 선)

육각형	칠각형	팔각형

• 조 볼러(2017), 송명진, 박종하 역, 《스탠퍼드 수학공부법》, 와이즈베리.

그래서 수학은 개념 이해가 중요하고 이 개념을 바탕으로 생각을 확장시킬 수 있어야 합니다. 노트 정리를 할 때도 개념에 대한 확실한 정리가 중요합니다. 앞서 이야기했던 수학 다각형에 관한 노트는 왼쪽 사례와 같이 정리합니다. 교과서에 나온 기본 개념을 적은 후 기본 개념과 관련한 예를 적어 확실하게 기본을 익힐 수 있도록 합니다.

이번에는 초등학교 수학에서 중시하는 수 감각과 관련한 문제를 볼까요? 15+4의 답은 뭘까요? 19입니다. 그런데 중요한 것은 답이 19가 아니라 19가 나오기까지의 과정입니다. 대부분의 아이들은 15에다가 1을 계속 더해갑니다. 그래서 16, 17, 18, 19라는 절차를 통해 19라는 답을 이야기합니다.

✓ $15+1+1+1+1=19$

그런데 수 감각이 뛰어난 아이들은 어떤 식으로 계산을 할까요? 자신이 알고 있는 수준에서 가장 쉽게 접근할 수 있는 방법으로 계산합니다.[*]

• Gray, E., Tall, D.(1994), 〈Duality, Ambiguity, and Flexibility: A "Proceptual" View of Simple Arithmetic〉, 《Journal for Research in Mathematics Education》 25(2), 116–140.

$\checkmark$ $5+5+5+4=19$

$\checkmark$ $5+4=9 \rightarrow 10+9=19$

또 다른 문제를 볼까요? 7+4의 답을 도출할 때도 다양한 방법이 나올 수 있습니다. 어떤 아이는 앞서 말한 것처럼 7에 1을 계속 더해가면서 답을 도출합니다.

$\checkmark$ $7+1+1+1+1=11$

다른 아이는 3+7=10이라는 것을 알아서 11이란 답을 이야기할 수 있습니다. 또 어떻게 할 수 있을까요? 7이란 숫자가 커서 5와 2로 쪼개서 5+2+4라는 방법을 풀 수도 있습니다. 이처럼 수학은 문제의 답보다 아이가 어떤 방법을 통해 답을 도출했는지가 중요합니다.

$\checkmark$ $3+7=10 \rightarrow 10+1=11$

$\checkmark$ $5+2+4=11$

이런 면 때문에 수학에서는 오답 노트가 필요합니다. 풀이 과정을 통해 아이가 어떤 과정에서 문제를 잘못 이해했는지, 혹은 어떤 점을 이해하지 못하고 있는지를 알 수 있어서입니다.

다음은 수학 5-1 5단원 '분수의 덧셈과 뺄셈'에 나와 있는 문제

수학 오답 노트 예시

5단원 분수의 덧셈과 뺄셈	
문제 3.	〈나의 답〉
$5\frac{1}{3} - 3\frac{1}{2} = ?$	$\frac{16}{3} - \frac{6}{2} = \frac{32}{6} - \frac{18}{6} = \frac{14}{6} = 1\frac{8}{6}$
	오답 이유) 3에 2를 곱한 후 1을 더해야 하는데 곱해버림
	〈정답〉
	$\frac{16}{3} - \frac{7}{2} = \frac{32}{6} - \frac{21}{6} = \frac{11}{6} = 1\frac{5}{6}$

에 대한 오답 노트입니다. 왼쪽에는 문제, 오른쪽에는 풀이 과정을 적습니다. 아이의 풀이 과정과 정답을 비교해 왜 이 문제를 틀렸는지를 확인하는 것이 중요합니다.

노트 필기 사례 1(252페이지 참조)은 수학 5-1 6단원 '다각형의 둘레와 넓이'에 나오는 삼각형에 관한 노트 정리 내용입니다. 삼각형의 넓이를 구하기 위해 필요한 밑변과 높이에 관한 기본 개념을 적고 삼각형의 넓이를 구하는 공식을 정리해놨습니다.

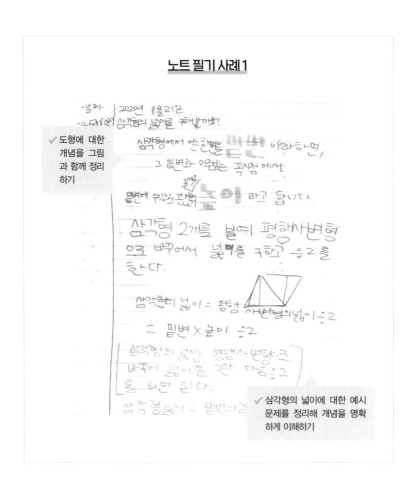

노트 필기 사례1

✓ 도형에 대한 개념을 그림과 함께 정리하기

✓ 삼각형의 넓이에 대한 예시 문제를 정리해 개념을 명확하게 이해하기

　먼저 기본 개념에 대한 번호가 매겨져 있지 않아 글의 구조가 정확하게 들어오지 않기 때문에 노트 정리할 때는 항상 번호를 매겨 글의 구조를 알 수 있게 해주는 것이 중요합니다.

　다음으로는 밑변과 높이에 관한 글자 외에 삼각형 그림을 넣어 정확히 개념을 이해할 수 있도록 하는 것이 중요합니다. 특히 도형

수학 개념 노트

6단원	다각형의 둘레와 넓이
밑면과 높이	1. 기본 개념 　① 밑변: 삼각형에서 어느 한 변 　② 높이: 밑변과 마주 보는 꼭짓점에서 밑변에서 수직으로 　　 그은 선분의 길이
삼각형의 넓이	2. 삼각형의 넓이 　− 밑변의 길이 × 높이 ÷ 2 　− 평행사변형의 넓이 ÷ 2 ※ 삼각형 2개를 붙여 평행사변형으로 바꾸어 넓이를 구할 수도 있음 [문제] 삼각형의 넓이 = 3 × 4 ÷ 2 = 6cm²

에 관한 영역은 그림을 통해서 이해해야 개념이 더 와닿기 때문입니다. 마지막으로 앞서 수학 개념 노트 정리에서도 이야기했듯이 개념과 함께 예시 문제를 같이 정리하는 것이 중요합니다. 이런 내용을 반영해 정리하면 어떻게 될까요? 위와 같이 정리할 수 있지 않을까요?

노트 필기 사례 2

✓ 방법에 대한 설명과 예시 문제를 같이 정리하기
✓ 방법 1 설명
– 예시 문제
방법 2 설명
– 예시 문제

위의 노트 필기 사례 2는 수학 5-1 5단원 '분수의 덧셈과 뺄셈'의 분수의 덧셈 방법에 대한 것입니다. 위쪽에 문제 예시, 아래쪽에 문제를 푸는 방법에 대한 설명을 따로 정리해놨습니다.

수학 교과서에는 다양한 방법의 문제 풀이 과정을 제시해놓고 있습니다. 이런 경우 방법과 예시 문제를 따로 정리하기보다는 방법 1과 예시 문제 1, 방법 2와 예시 문제 2 순으로 정리하면 보기도 더 좋고 이해하기 쉽습니다.

[방법 1] 자연수와 분수를 따로따로 계산

→ 예시 문제 1

[방법 2] 대분수를 가분수로 바꿔서 계산

→ 예시 문제 2

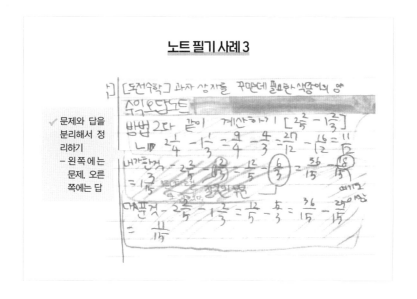

노트 필기 사례 3

✓ 문제와 답을 분리해서 정리하기
 – 왼쪽에는 문제, 오른쪽에는 답

다음은 분수의 뺄셈에 대한 오답 노트 사례입니다. 위쪽에 문제를 적고 그 밑에는 아이의 문제 풀이 과정과 답, 그 다음에는 정답을 적었습니다. 오답 노트 방법에서 이야기했듯이 문제와 답을 분리해서 정리합니다. 왼쪽에는 문제를 쓰고, 오른쪽에는 틀린 풀이 과정과 답, 그 밑에는 정답을 작성해놓으면 한눈에 정리된 내용이 들어오기 때문입니다.

5 ◦ [영어] 상황별 문장 패턴과
단어 정리하기

영어는 국어처럼 의사소통이 중요합니다. 그래서 듣기, 읽기 같은 이해 영역, 말하기, 쓰기와 같은 표현 영역으로 구성되어 있습니다. 2015 개정 교육과정을 보면 영어는 일상생활에서 영어를 사용할 수 있는 능력을 기르는 것이 목표입니다. 특히 음성 언어를 사용해 아이들의 의사소통 능력을 높이는 데 중점을 두고 있습니다. 학교마다 영어 교과서가 다르지만 기본적으로 일상생활 속 대화를 중심으로 아이들이 영어를 재미있게 배울 수 있도록 하고 있습니다. 국어와 달리 긴 지문이 없습니다.

영어 공부는 어떻게 하면 좋을까요? 초등학교 교육과정의 특징을 고려해 하나의 주제에 대한 질문과 답변을 중심으로 영어 표현의 패턴을 익혀보는 게 좋습니다. 또 중학교 영어를 대비해서는 어휘력을 높여야 하는데요. 국어와 마찬가지로 어휘 노트를 만들어 공부해야 합니다. 교육부에서는 초·중·고 영어 공부를 위한 기본 어휘로 3,000개를 제시하고 있습니다. 이 중 초등학교 권장 어휘는 800개입니다. 이 800개에 대한 기본 학습을 해야 중학교부터 본격적으로 시작되는 독해 공부의 기본을 다질 수 있습니다.

요즘은 아이들이 어렸을 적부터 영어에 노출이 많이 되다 보니 듣기나 말하기에는 익숙하지만 읽기에는 익숙하지 않은 경우가 많습니다. 중학교부터 어려워지는 영어 공부에 대비하는 것이 필요한데요. 기본적으로 영어는 외국어이기 때문에 어휘력이 받쳐주지 않으면 영어 지문을 읽고 글의 주제나 핵심을 찾기가 어렵습니다. 국어와 마찬가지로 교과서의 지문을 읽고 항상 중심 문장을 찾는 연습이 필요합니다. 실제로 중학교 영어 선생님은 "독해력이 떨어지는 가장 큰 문제는 어휘"라고 말합니다. 왜냐하면 쉬운 독해는 다 하지만 점점 어려워지는 영어에서 어휘가 받쳐주지 않으면 실력이 향상되지 않기 때문입니다.

2015 개정 교육과정을 보더라도 중학교, 고등학교로 갈수록 음성 언어보다 문자 언어의 비중이 점점 높아집니다. 초등학교 때 음성 언어는 62%, 문자 언어 38%인데 중학교 때는 각각 56%, 44%, 고등학교 때는 43%, 57%로 문자 언어의 비중이 높아지는 것을 알 수 있습니다.

그러면 영어는 어떻게 정리하는 것이 좋을까요? YBM 초등학교 5학년 영어 교과서를 보면, 다른 과목과 마찬가지로 단원 학습 내용이 있습니다. 이 단원 학습 내용을 숭심으로 말하기, 읽기, 어휘와 관련된 사항을 정리합니다.

2015 개정 교육과정의 학교급별 영역별 성취기준 수 대비표

영역	학교급	초(%)	중(%)	고(%)
음성 언어	듣기	31	26	24
	말하기	31	30	19
문자 언어	읽기	20	26	28.5
	쓰기	18	18	28.5

출처: 교육부

YBM 초등학교 5학년 영어 교과서의 Lesson 8의 주제는 'Where Are You From?'으로 단원 학습 내용은 출신지 묻고 답하기, 헤어질 때 인사하기, Travel Around the World 읽기, 친구와 나의 소개 글쓰기입니다. 노트 정리를 위해 쓰기 부분을 제외하고 나머지 학습 내용을 말하기, 읽기, 어휘로 정리할 수 있습니다.

영어 노트 정리 예시

	Lesson 8. Where Are You From?	
말하기	1. 출신지 묻고 답하기 　　Where are(is) ＿＿ from?	
	Q) Where are you from? Q) Where is she from? Q) Where is he from?	A) I'm from Korea. A) She is from India. A) He is from Canada.
	2. 헤어질 때 인사하기 　　Have a good day.	
읽기	3. Travel Around the World I'm traveling around the world with my friend	
어휘	4. 단어 • travel	① 여행하다 We travel around many countries together. ② 여행 a travel bag (여행가방)

　　말하기에서는 영어 패턴을 익히는 것이 가장 중요합니다. 그래서 출신지를 물을 때는 문장의 패턴이 어떻게 되는지 이해해야 합니다. 읽기에서는 말하기 영역에서 배운 것들을 활용한 독해 지문이 나옵니다. 독해 지문을 읽고 아이가 잘 이해하지 못하는 문장이나 혹은 또 다른 영어 표현이 있다면 그 문장을 중심으로 정리를 합니다. 마

지막으로 어휘에서는 이 단원에서 아이가 모르는 단어를 적고 뜻과 예문을 적습니다. 예문은 교과서의 문장이나 혹은 영어 사전에서 아이가 이해할 수 있는 수준의 문장을 찾아 적습니다.

정리해보면 영어는 어휘력을 바탕으로 다양한 상황에서 쓰이는 문장의 패턴을 익힐 수 있도록 이렇게 패턴 정리에 중점을 두고 정리해야 합니다. 인터뷰한 중학교 영어 선생님도 "영어는 기본적으로 노출과 활용일 수밖에 없다. 많이 듣고 읽고 반복적으로 써봐야 한다."라고 말합니다.

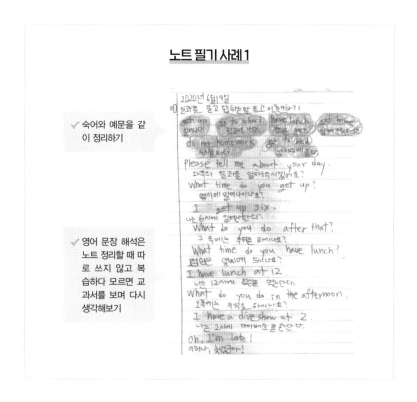

노트 필기 사례 1은 일과를 묻는 영어 표현에 관해 정리한 노트입니다. 앞서 이야기했듯이 초등학교 영어는 회화 중심으로 교과서가 구성되어 있어 기본 패턴을 질문과 대답의 형태로 정리하면 공부하기 편합니다.

특히 영어 교과서의 문장을 다 적기보다는 영어 패턴, 단어, 숙어와 관련된 문장 중심으로 정리합니다.

get up	일어나다
Q) What time do you get up?	A) I get up at six.
go to bed	잠자리에 들다
Q) What time do you go to bed?	A) I go to bed at ten o' clock.

또 단어, 숙어, 영어 패턴 설명할 때를 제외하고는 영어 문장에 대한 해석은 적지 않습니다. 대신 영어 문장에 대한 뜻이 생각이 나지 않을 경우에는 교과서를 보면서 다시 그 문장의 뜻을 이해하면 됩니다. 영어는 영어로 바로 이해할 수 있도록 노트를 정리합니다.

오른쪽 노트는 영어 단어를 정리한 사례입니다. 일반적으로 단어 정리를 할 때는 앞서 이야기했듯이 단어, 뜻, 예문을 함께 정리하는 것이 가장 좋습니다. 그런데 아이의 성향에 따라 다음 그림처럼 단어와 이미지로 정리해도 좋습니다.

노트 필기 사례 2

실제로 아이들뿐만 아니라 성인 영단어 사전 중에도 그림 중심으로 영어 단어를 설명하는 책들이 많습니다. 그 이유는 글자 중심으로 영어 단어를 암기하는 것보다 이미지가 있으면 더 효과적이기 때문입니다. 만약 아이가 그림을 좋아한다면, 위의 그림처럼 영어 단어, 이미지, 예문을 함께 정리해보면 어떨까요?

상위 1%로 가는 초등 노트 습관

2021년 8월 25일 초판 1쇄
2021년 9월 1일 초판 2쇄

지은이 박경수
펴낸이 박영미
펴낸곳 포르체

편 집 원지연, 류다경
마케팅 문서희, 박준혜

출판신고 2020년 7월 20일 제2020-000103호
전 화 02-6083-0128 | **팩 스** 02-6008-0126
이메일 porchetogo@gmail.com

ⓒ 박경수(저작권자와 맺은 특약에 따라 검인을 생략합니다.)
ISBN 979-11-91393-29-3 03370

여러분의 소중한 원고를 보내주세요.
porchetogo@gmail.com